U0048331

台灣、香港二地人文、經濟與管理互動之探討

李誠　主編

中央大學出版中心｜遠流

目錄

作者簡介

楊祖漢

原籍廣東新會，1952年生於香港。台灣師範大學國文系及香港新亞研究所哲學組碩士畢業。曾任中國文化大學哲學系教授、鵝湖雜誌社社長，現任國立中央大學中國文學系教授兼文學院院長、文學院儒學研究中心主任、台灣中文學會理事。著有：《中國哲學史》（合著）、《中庸義理疏解》（韓譯本名為《中庸哲學》）、《儒家的心學傳統》、《當代儒學思辨錄》、《從當代儒學觀點看韓國儒學的重要論爭》等，又發表了有關宋明理學、當代儒學與韓國儒學的論文數十篇。

林文淇

為美國紐約石溪大學比較文學博士，國立中央大學英文系教授。目前借調擔任國家電影資料館館長，同時也是《放映週報》的發行人與總編輯。著有《華語電影中的國家認同與國族寓言》（2010）與《我和電影一國：林文淇影評集》（2011）。參與編著的專書有《戲戀人生：侯孝賢電影研究》（2000）、《生命的影像：台灣紀錄片的七堂課》（2007）、《觀展看影：華文地區視覺文化研究》（2009）與《台灣電影的聲音：放映週報VS台灣影人》（2010）。

周慧如

畢業於國立中央大學英文系、美國密蘇里大學新聞碩士、中央大學人力資源所碩士，現任職於《工商時報》財經要聞中心主任。

黃麗璇

美國約翰霍普金斯大學經濟學博士。現任國立中央大學經濟系教

授兼管理學院副院長。曾任行政院勞工委員會委員、勞工委員會基本工資審議委員、國立中央大學經濟系系主任、美國羅德島大學訪問學者、《經濟研究》編輯委員。研究興趣為勞動經濟學、人口經濟學與應用計量經濟學。研究主題包括人力資本、薪資決定、薪資不均、基本工資、失業問題等。曾經發表學術論文於*Economics of Education Review*、*Small Business Economics*、*Economic Modelling*、*Asian Economic Journal*、*Review of International Economics*、《管理評論》等國內外期刊。曾經榮獲國立中央大學傑出導師,以及管理學院教學優良獎項。

林昱君

美國伊利諾大學經濟學碩士。現任中華經濟研究院第一研究所（大陸經濟所）副研究員。主要研究領域為貿易理論、經濟發展、兩岸貿易、香港經濟等。

江怡慧

國立政治大學金融學系博士候選人。現任中華經濟研究院第一研究所輔佐研究員。主要研究領域包括中港台區域研究、跨國投資、資本市場、企業財務決策。

黃懿慧

美國馬里蘭大學大眾傳播學博士,現為香港中文大學新聞與傳播學院教授。曾任國立政治大學廣告系教授、國立政治大學傳播學院研究暨發展中心主任委員、國立政治大學傳播學院在職專班主任、美國哈佛大學法學院談判學程訪問學者、中華傳播學會秘書長、政治大學廣告學系副教授、輔仁大學大眾傳播學系副教授、講師、*Communication Theory*編輯委員、*Journal of Public Relations Research*編輯委員、*Communication Studies*編輯委員、*Journal of Communication*編輯委員、*Public Relations Review*編輯委員、《新聞學研究》

副主編、《傳播研究集刊》主編、《廣告學研究》編輯委員、《中華傳播學刊》編輯委員。

曾經獲得之榮譽有，2001年美國國家傳播學會頒發PRIDE「公共關係學最佳學術期刊論文獎」，2002年獲國科會傑出研究獎，2003年傅爾布萊特獎學金（Fulbright Visiting Scholarship）哈佛大學訪問學者，2002、2004及2005年三年獲得政治大學學術研究成果國際化優等研究獎，2002、2003及2005年政治大學傑出研究講座教授。近兩年，她並獲得2010年國際傳播協會（ICA）公共關係最佳會議論文和教授組最佳論文獎，以及2012年度香港中文大學校長模範教學獎與社會科學院模範教學獎。

林惠彥

國立台灣大學商學研究所博士候選人，主要研究領域為工作壓力、工作價值與人力資源管理等。曾任玄奘大學應用心理系兼任講師、元大證券人力資源部襄理。期刊論文曾發表於*Journal of Occupational Health Psychology (SSCI)*、*Career Development International (SSCI)*、《人力資源管理學報》（*TSSCI*）、《中華心理學刊》（*TSSCI*）、《台灣管理學刊》、《彰師大教育學報》、《商略學報》等。

陸洛

獲英國牛津大學心理學博士學位，曾任牛津大學博士後研究員，歷任高雄醫學大學行為科學研究所、輔仁大學心理學系、國立中央大學人力資源管理研究所之專任教授。現職為國立台灣大學工商管理學系特聘教授。研究興趣主要圍繞著壓力、主觀幸福感、文化、自我、職場健康及組織行為相關的議題展開。已發表中英文期刊論文160餘篇。曾獲國科會傑出研究獎等。

現任《應用心理研究》主編，*Asian Journal of Social Psychology*及《人力資源管理學報》副主編，曾任《台灣公共衛生雜誌》（*TSSCI*）副主編，及《本土心理學研究》、*International Journal of Stress Man-*

*agement (SSCI), Journal of Happiness Studies (SSCI), Management Communication Quarterly*的編輯委員。

蕭愛鈴

嶺南大學社會學及社會政策系系主任。英國利物浦大學職業與組織心理博士，研究興趣包括職業健康心理與安全、工作壓力和工作／家庭衝突的跨文化對比、工作／生活平衡、危機管理、及災難應對的抗逆力模型。

吳珮瑉

國立彰化師範大學輔導與諮商學系博士。主要研究領域為諮商心理、心理衛生、大學生適應問題等。

王維仁

香港大學建築系系主任／教授，及王維仁建築研究室主持人，美國建築師學會及香港建築師學會，柏克萊加州大學建築碩士，台灣大學土木工程研究所碩士及地質系學士。曾任香港建築雙年展策展人、美國麻省理工學院客座副教授、美國TAC建築師事務所協同主持人。其研究領域為合院建築形態演變、中國寺廟建築形態、傳統及當代中國城市肌理與城市空間。著作包括牛津大學出版社的《思考再織城市》、《圍的再生：澳門歷史街區城市肌理研究》，台灣建築以及城市環境設計的專輯《王維仁及其都市合院主義》。

設計獲獎包括美國建築師學會設計獎；台灣遠東建築獎；香港綠色建築獎；香港建築師學會獎。作品獲邀參展包括威尼斯建築雙年展、北京建築雙年展、香港深圳建築城市雙年展等。

編者序

　　長期以來，台灣學者對香港社會、文化發展及台港合作關係很少關心，很少深入的研究與分析，其原因是香港在台灣人民的眼中是一個購物天堂，因為它是一個稅率極低的自由港，也因政治的關係，是台灣人民與貨物進出大陸必須經過的轉口站而已。因此台灣人民與政府對香港政治、文化、社會的發展並不關心，在1997年之前數年新加坡政府極力爭取香港金融界上層人士移民新加坡之時，台灣也有人士呼籲政府把澎湖地區開發成香港特區，以便香港的企業與金融中心可遷移到台灣來自由經營，但政府也沒有反應，並且以為在1997年香港回歸大陸以後，它的獨特性會消失，而大陸的上海等其他大城市會取代它的地位。但是出乎一般人意料之外的是，它在1997年以後並未走下坡，相反地，無論是政治、經濟、高等教育都有高度的發展。香港大學、香港中文大學乃至城市大學近年來在國際評比上都名列前茅，這些發展引起台灣學者與人民對香港研究的興趣，特別是近日在香港、台灣二地外交關係提升以後，港台關係成為一個熱門題目。在此趨勢下，香港中文大學與台灣中央大學合作，在中央大學成立了

一個香港研究中心，在香港中文大學成立了一個台灣研究中心，從事台灣與香港關係的研究，也提供二地政府在擬定政策時所需要的背景資料。

中央大學在2012年4月成立香港研究中心並舉辦一場研討會，會中發表的論文作者根據評述人的意見加以修改成為本書，並由中大出版中心出版。本書共分三部分，第一部分是台港二地文化與教育的發展。此部分包括第一章楊祖漢教授的〈香港新亞書院的成立對台港二地新儒學發展的影響〉。香港新亞書院是在1950~60年間由一批大陸前往香港的學者如唐君毅、錢穆與張丕介等所創立，他們認為中共摧殘了中國固有文化，因此要藉新亞書院的成立在海外保存並延續中國文化的命脈。上列三位學者與牟宗三先生對新儒家思想的努力耕耘，不但在香港發揮了很大的影響，也對台灣新儒家思想的發展很有幫助，因為這些學者都曾在中央大學作長或短期講學，他們的學生如朱建民、楊祖漢等在中大擔任教職，因而使中大成為台灣新儒學的大本營。在第一章中，楊祖漢教授敘述新亞書院成立的宗旨，成立的過程以及它對台港二地新儒學研究與發揚的情況，是一篇極有歷史價值的文章。

第二章是林文淇教授的〈香港、台灣60與70年代抗日愛國電影〉，該文以抗日愛國電影為背景，探討台港二地電影的特色，兩者表面好像差別很大，因為香港比較自由，特別是中共取得大陸政權以後，大批上海的電影界人士抵港，他們對抗日的背景比較清楚，因而製造了很多有深度的抗日電影；而在同期間，台灣

則因為受政治的影響，電影主題以反共復國為主，抗日為主題的電影不多。但是被人忽略的是，在60~70年間，台灣香港二地電影界的人士有非常密切的互動，很多電影根本無法區別到底是香港的電影還是台灣的電影。過去電影學術界也很少對此時期台港電影界的交流加以關注與研究，本文提供了一個比較台港電影發展異同原因很好的背景，為研究該時期港台電影的特色與互動提供了一個研究的起點。

在1960~80年間，台灣政府很重視僑生，該時期香港與澳門很少大學，因此很多港澳生來台升學，這些僑生畢業後有部分留在台灣，有部分出國留學，並在美、加工作了一段時間後再回台工作，其他回僑居地工作，對當地的教育與經濟很有貢獻。留在台灣的僑生對台灣的經濟、教育、醫療等領域也都有相當的貢獻。在本書第三章中周慧如女士訪問了劉炯朗、林百里等港澳僑生，述說了他們對台灣經濟發展與教育的貢獻。這是政府與民間從來未有系統性探討的議題，政府可以從本文中得一啟示，為什麼在1990年後港澳僑生人數大減，這一方面因為陳水扁把華僑分割成老僑與台僑，以致不少老僑出走，另一原因是港澳近年來慢慢也成立了很多大學，學生可以留在港澳升學，不必來台。政府此時應檢討今日的僑生政策，繼續提供具吸引力的環境吸引優秀僑生來台升學，為台灣爭取經濟與社會建設所缺乏的傑出人才。

本書第二部分是有關台港二地經濟發展的情形與相互間的影響，其中包括第四章黃麗璇教授與第五章林昱君及江怡慧兩位研究員的論文。黃麗璇教授在其文中比較台灣與香港二地過去三十

年間經濟發展的特徵，以及它們不同的產業結構如何造成二地勞動市場結構與人力資本、薪資、失業等的差別。黃教授指出，在過去二十年香港的薪資不斷地上升，台灣則是呈現倒U型，先是上升然後開始下降。什麼原因造成港台薪資趨勢的差別？是台灣勞動市場不夠開放？或只是台灣經濟在轉型時的陣痛？黃教授認為真正原因有二：（1）台灣在過去二十年勞工福利與保障勞工權益立法的幅度與速度遠大於香港，造成台灣勞動市場的僵化；（2）台灣勞動市場開放度與競爭力都低於香港，因此香港勞動市場的經驗可供台灣參考。林昱君與江怡慧在第五章〈香港服務業對台中介角色的日漸重要化〉一文中述說自ECFA簽訂以來，兩岸政治關係有顯著的改善，因而台港二地的經貿與文化關係也熱絡起來，香港與台灣的互補作用不但沒有因1997年香港回歸大陸而減少，相反地台商對於「立足香港，放眼大陸」有很大的興趣，投資也因而增加；香港金融與保險業對拓展台灣市場也非常感興趣與重視。換言之，香港服務業在台港二地經濟互補的功能上日趨重要。

本書第三部分是台港二地管理的比較。香港在1997年以前是英國的殖民地，台灣在二次大戰前是日本的殖民地，二地受兩種截然不同文化與法律制度的影響，因而二地管理方式亦相異。但是自1970年以後，台灣留學美、加人士大增，與美國經濟關係亦日趨密切，在管理上受美式管理影響甚深。本書的第六章中，黃懿慧教授比較了港、台、美三地企業溝通的模式。黃教授指出，在香港的企業中，西方理論為基礎所發展出的傳播溝通策略，如

資訊中介傳播與雙向對等溝通，都比中國傳統的關係策略重要；而台灣的企業則是最注重雙向對等溝通，其次是借助第三人的人脈網絡，個人層次與面子，人情很少使用。西方傳播模式在美國較普遍，美國勝於香港，香港勝於台灣，資訊中介傳播的使用在美、港及日本之間並無差別。

在經濟全球化的時代，無論東、西方企業的員工都會承受高度的工作壓力，因為他們的雇主都必須競相提升企業的競爭力，但目前的研究都以西方國家員工的處理工作壓力方式為主。其實東、西方情境不同，處理的方法亦異，目前西方國家研究所得的結論並不適用於東方國家。在本書的第七章中，林惠彥、陸洛、蕭愛鈴及吳珮瑀訪問了台港二地的員工，探討二地工作動機與因應策略。研究結果顯示工作限制對工作滿意，工作績效有預測的效果，因而了解員工的工作動機是現代組織的重要管理課題。組織可以透過授權增加員工的自主性，創造一個員工「樂在工作」並足以發揮所長且追求自我實現的良好工作環境，紓解員工的工作壓力，進而留住優秀人才，創造具競爭力的人力資本。凡是到過香港的人都會驚奇香港彈丸之地可以容納如此龐大的人口，而城市的規劃也是如此井然有序。相反地，很多人都覺得台北欠缺城市規劃，都市更新計畫總是在原地踏步，城市有點雜亂。香港大學的王維仁教授在第八章〈城市空間與建築形態：由香港半山的垂直肌理看台北的街廓巷弄〉一文中述說香港雖然在陡峭的坡地上容許5到10的容積率的開放，這是任何城市都不容許的，但是香港在優越的自然條件，高效率的法治與公權力機制下，保持

了半山區的生活品質。相反地，台灣是新生沙泥岩層，土質鬆疏，很難像香港建築極高的樓層，公權力的不彰使台灣的山坡地開發不當，擋土牆排水基礎設備不佳，這些都是造成台灣城市與建築雜亂的主要原因。

　　本書是中央大學香港研究中心成立數月以來第一期研究成果報導，本書得以順利的出版，要感謝各位作者在短短的期間內趕出這些有深度，有見解的台港經濟、文化與管理比較的論文，我們也要謝謝中大對本計畫財務上的支援，中大行政大樓祕書室及台經中心各同仁在研討會上的幫助，黃凱璐小姐與張淑嘉小姐對本書出版工作的協調，催稿與對稿等的大力協助，一併致謝，沒有以上各單位的充分合作，本書是無法面世的。

中央大學代理校長　**李誠**

2012年12月于中壢

【第一篇　台港二地之文化與教育】

第一章

香港新亞書院的成立對台港二地新儒學發展的影響

楊祖漢

引言

　　香港新亞書院是香港中文大學成立時三個成員書院之一，在教育學術上成就卓然，而創辦新亞的諸君子，好幾位都是當代的大儒，新亞書院亦長期為新儒學的重鎮，這是學界所公認的。在新亞創辦之初，表現了為維護中華文教而艱苦辦學的所謂「新亞精神」，尤其感人。這一段歷史在香港，乃至中國教育史上，都有其非常突出的地位。李誠代校長囑我以此一題目撰寫論文，甚感榮幸。我並未就讀新亞書院，在台灣師大國文系畢業之後，回香港讀新亞研究所，問學於唐君毅、牟宗三兩位先生，對於所謂新亞精神亦多少有其體會。為了行文方便，先以表列的方式，列出有關新亞書院的重要事件[1]：

1　參考劉國強、郭文德，〈新亞書院簡史〉，見《奮進一甲子——新亞書院歷史圖片集》（香港中文大學新亞書院出版，2009年9月），頁1-14。

表1：新亞書院歷年來的重要事件

1949年10月	新亞書院前身「亞洲文商學院」創立。
1950年3月	改組後的「新亞書院」開學。 由此時至1956年夏天，是新亞書院的「桂林街時代」，也是所謂「新亞精神」最能表現的時期。
1950年冬	台灣國民政府自總統府辦公費中，每月挪3,000元（港幣）支持新亞書院。
1951年秋	新亞同學創辦「新亞夜校」。
1953年7月	香港政府准許新亞書院可免於在工商署作商業登記，是香港第一所獲承認為不牟利的私立學校。
1953年夏	美國耶魯大學歷史系主任盧鼎（Harry Rudin）教授受耶魯大學雅禮協會之託到港，與錢穆先生會商後，雅禮協會決定資助新亞，每年25,000美元。
1953年秋	「新亞研究所」成立。
1956年10月	新亞書院遷入農圃道校舍。
1960年	新亞書院接受香港政府補助。
1963年10月	香港中文大學成立，新亞書院為構成中文大學的三個成員書院之一。
1973年7月	新亞書院遷入中文大學沙田校址。
1974年2月	中文大學行政與計畫委員會成立「教育方針與大學組織工作小組」，建議透過學系整合原則，合併改組包括新亞在內的各基本學院，即從原來各書院可以自主的聯合制，改為集權制。而從1974年7月起，新亞研究所不再接受中文大學經費補助，改隸由新亞同仁另行創辦的「新亞教育文化會」。
1976年12月	香港中文大學法案在立法局通過，決定改制，新亞書院董事會李祖法、錢穆、唐君毅等九位成員集體辭職。
1978年2月	新亞書院創辦人之一唐君毅先生逝世。

一、我所理解的新亞精神

香港新亞書院成立於1949年，最初的成員只有幾位因中共政權成立而南遷香港的學者，與一批流亡學生。校舍只有兩層樓房，幾間簡陋的教室。有一段時間老師們只能睡在教室，由於經費有限，老師們的薪水都非常微薄。學生們不但交不起學費，他們的基本生活也由學校負責。當時擔任總務長的張丕介先生曾經為了師生們生活的支出，把他夫人的僅存首飾，全拿去典當了。當初創校時的景況，確如新亞校歌所說的「手空空，無一物」，而一般對「新亞精神」的了解，就是從雖然物資匱乏，但仍然為了傳承中國文化而努力辦學，而且師生間、同學間的關係特別密切、融洽上說。而我覺得此處可以作更深入的闡釋。

（一）從無而有的堅信

物資的匱乏只是外緣，此外緣並非必然可以引發理想、鼓舞精神的，能夠引發理想是由於在這個時候人本有的真生命或本體破空而出。新亞的師生當時在現實上一無所有，毫無憑藉，於是現實上的種種掛慮也因此一掃而空，而就在這種毫無現實上的憑藉的情況下，人的精神才可以發揮最真切的力量。而這種力量可以說是純粹從本體中湧現出來的，無所依恃，而自發地湧現，這是所謂創造之源、價值之源。此種精神是人本有的，並非因現實上一無所有而產生；人本有此精神，亦須通過修養工夫維持此精

神於不墜，而在面對此一無所有、退無可退的境況，人容易返本，能返本則此精神本體的作用便會全幅呈現。此義可以引唐君毅先生一段話來說明：

記得去年除夕，在鄰家爆竹聲中，中宵獨坐。念上列種種，竟不勝悱惻之情。我素來不在波譎雲詭之國際局勢上，寄託幻想與希望。我再環顧社會風習，人心趨向，與一般知識份子，表現於行動言語文章中之氣度，我總覺不見真正的去暴戾而致太平之幾，頓覺前路茫茫，天昏地暗。然在悲觀之極，靈光不昧，忽然念及猶太教基督教中，上帝在無中創造世界一語，覺其中實有無盡智慧。此語之宗教與哲學的解釋，今固不能說。但是從歷史觀點去看，此種思想之起原，我想當是孕育於猶太人，被逐出埃及以後。當他們結隊而行，流難轉徙於沙漠風塵之中時，在天蒼蒼，野茫茫之下，當然不勝黍離故國之思。他們想著現實世界不屬於他們，想著他們在現實世界，無可依恃，無可攀緣，無可假借。於是從一片飄零憤恨之感，不忍宗社之亡之心，便顯出一內在的深情。由此深情中，即見一內在的無上主宰或上帝，而相信他將自無中創造世界。世界之開始，亦是他自絕對虛無中創造出的。猶太人亦終於本此信念，而自無中，創造出了基督教之世界。我再一自反當時之一念悱惻，我亦即相信人人之內心深處，皆有一純潔真實之不忍之心。此不忍之心，「有家而不忍

家之毀，有國而不欲國之亡，有天下而不欲天下之失黎民，有黎民而恐或亂之，有子孫而恐莫保之。」（船山先生語）此便是人生之真實不容已之內在的無上主宰，我們內心的上帝。他便有從此生天生地，生人生物，自無中創造世界之大力。這個不忍之心，恆是不到悲觀之極，不至山窮水盡之境，不能真正顯出。於是我反而想到正因中國知識份子，所處者乃五千年來的所未遇之慘境，經歷了無數的理想希望之幻滅；然後他才真配挽救中國五千年來所未經之災難，而重新創造中國民族，中國文化之更遠大的前途。[2]

唐先生此文發表於1952年。這一段深切感觸之言，是在他對個人乃至於家、國、天下都陷在危疑境地，沒有明朗的前途，即好像一切都陷於絕境，沒有辦法作樂觀期待，甚至沒有任何希望的情況下而發出的。而在這種陷於絕境，沒有足以令人樂觀的理由情況下，反而讓人體會到人自身本來便有不依靠任何憑藉也可以給出創造的能力。這是所謂「見體」或「證體」。我個人認為所謂新亞精神，應從此處契入。這種由證體而來的，認為從無可以生有，從最內在的深情、一念之仁可以生發出扭轉乾坤的力量之信念與決心，是所謂新亞精神中最重要的成分。這是所謂海底湧紅輪，復其見天地之心。此本體從一空依傍而顯，可以用

---

2 唐君毅，〈論接受西方文化思想之態度〉，《人文精神之重建》（台北：台灣學生書局，1977），頁281-282。

「無」來形容，此也可以說是「體無」，即體現或實現此無之本體。從此處當然也可以通於佛教的「空」，或道家的「無」，但此從無而有，是有創生性的，是體證到純粹的道德義的本心，然後生發出來的創造性的活動，從此意義看，則又與佛老所言之空無並不相同。唐先生上文藉船山所云「有家而不忍家之毀，有國而不欲國之亡」，便表示了此不忍之情，是人最內在的、真誠惻怛的本心，此便是人的心靈本體。此心體固然是至為純粹、無所為而為的，可以用空或無來說，但又是至為真實的、健動的。此體是虛而生生、不容自已的，不能用「如幻如化」來形容。此不忍之情本身就具有絕對的價值，不依靠任何現實上的作用、勢力，來使它有價值。而此不忍之情生於性情之不容已，本來也不是因為要達成什麼現實上的利益或價值而生發的，故人可以在現實上一無所有的時候，體證到此心體本來就不依於現實上任何的事功、勢力，單靠其自己就可以具有的絕對價值。由於有此體證，人就可以頂天立地的站得住。此亦可說明雖然仁心是人人本有的，並非因為遭遇到特殊的環境或刺激而產生；但此現實上的一無所有，使人陷於絕境的情況，也確是仁心呈現的重要機緣。如上引文唐先生所說「這個不忍之心，恆是不到悲觀之極，不至山窮水盡之境，不能真正顯出」。

　　以上是從手空空、無一物，所表現的無的涵義，來說明新亞精神的本質在於面對現實上毫無憑藉時，而證本心仁體，於是產生能從無而有的自信，亦由此而生從無而有的創造性的力量，所謂創造，即是從無生有。故「無」可以從兩方面來了解：一是現

實上所面臨的毫無憑藉的情況，另一是純粹空無的本體。唐先生的講法，表示了使人感到無路可走的現實上的一無所有，可以引發人最內在、最真實而純粹的惻怛的仁心。當代新儒學的哲學理論有一個重要的主張，認為人的道德本心與生天生地的天道是相通的，天道的生化一切與人的道德創造是同一種的生化活動，這當然是一種理想主義的看法，一般人對此是未必能相信的。但從唐先生他們在毫無憑藉的情況下創立新亞書院，而新亞後來在教育學術上產生了重大的影響的事實來看，也可以說是為「道德心與天道的創造是相通的」此一理論作了見證。上引文唐先生所說的「由此深情中，即見一內在的無上主宰或上帝，而相信他將自無中創造世界。世界之開始，亦是他自絕對虛無中創造出的。」又說此深情便是「真實不容已之內在的無上主宰，我們內心的上帝。」便是對「道德的形上學」或「道德的神學」作了清楚的闡釋。此說也表示了依儒家哲學，天道或上帝固然是超越的，但其實也是內在的；人如果體悟自己生命中的內在的深情，便可以見到天道或上帝。[3]

（二）武訓精神

當然，當年的新亞師生除了這種為中國前途、為歷史文化盡心的悲願外，在教學上也有其一股真精神。新亞的教育精神，張

---

3 「天道性命相貫通」、「道德的形上學」及「超越而內在」之說，是唐君毅、牟宗三兩位先生的共同見解，也是當代新儒學的重要主張。

丕介先生嘗稱之為「武訓精神」，他引用唐先生所說的，武訓[4]的人格精神是「偏至型的聖人」之意來說明：

> 對於武訓先生的人格與精神，自來論者已多，但我以為最能徹底認識，而予以恰當之評價者，莫如唐君毅先生所著《孔子與人格世界》一書中之所言。他稱：武訓為「偏至之聖」，而最後則歸之於中國傳統的教化精神。我節錄數言，以見今天新亞所嚮往的那一精神：
>
> 「聖賢中之兩格，首為偏至的聖賢。[5] 此所謂為偏至的聖賢，即宗教性的人格。其所偏至者，指天而言。……宗教性之人格大皆崇拜上帝……或肯定一絕對之超越人間之境界……或則只有一絕對犧牲自我忘掉自我之宗教精神，如武訓……至於武訓，則雖不必有上帝之信仰，然而他以一乞丐，而念自己之未能求學，即終身行乞，以其所積蓄而設學校，以使他人受教，則正表現一宗教性的至誠……。乞丐乃一絕對之空無所有者。然而武訓，即從其自身原是空無所有之自覺，而絕對忘我，再不求為其自身而有所有，他即直接體現了無限的精神。……他為辦學校，完成他人之教育，而向教師與學生跪拜，望他們專心教，專心

---

4 武訓（1838-1896），山東堂邑人，行乞終身。自恨不識字，以行乞與當僱傭所得設義學，在義學開學時，遍拜校中師生，遇有老師教學不力與學生怠惰，武訓都下跪勸告。

5 「偏至的聖賢」句，在唐先生原論文收入《人文精神之重建》時，唐先生改為「超越的聖賢」，後文凡用「偏至的」亦同改。其實「偏至」一詞頗能表意，清楚區別了耶穌、釋迦、武訓等聖賢，與孔子之為「圓滿的聖賢型」之不同。故此處依原版本，不作校改。

學。……這些學生和先生之人格，無一能趕上他，但是他向他們跪拜。……這個偉大，在原則上，高過了對與我為敵的人之原諒，這是一種同一於上帝之精神之向人下跪，可說是上帝向人們下跪，而不只上帝之化身為人之子，以為人贖罪；亦不只是如甘地之使上帝之精神見於政治經濟之事業。這是上帝之精神之匍匐至地，以懇求人之上升至於天之象徵。上帝化身為空無所有之乞丐。莫有父母，莫有妻子，莫有門徒，莫有群眾，更重要的是莫有知識，莫有受教育，莫有靈感，莫有才情，不自知為英雄，不自知為豪傑，最重要的是不自知為聖賢，且亦莫有使命感，而只自知為一乞丐，在一切人之下之乞丐，以懇求人受教育，而完成他自己。這是上帝之最偉大的一表現，人類宗教精神之一種最高的表現。他是為了完成世間人之所要求而崇拜文化教育之本身。而武訓之這種精神，則是從孔子之聖賢教化，對人類教育文化之絕對尊重之教而來的。」

新亞書院的創辦人和若干熱心的贊助人，以及在這裡任教的諸位先生，論其自身的條件，自然有些地方不同於武訓，因為我們還不是那樣「空無所有」的乞丐。但就我們所處的時代環境而言，我們今天在比武訓稍有所有之下，而缺少了一個武訓所有的條件，即是我們辦教育的地方不是自己的故鄉，不是自己的國土，而且沒有百多年前那樣安定的社會環境。這一缺少，也許是新亞事業上最大的困難之所在。這一缺少，也正是新亞書院特別要表現其武訓

精神的原因，我回顧兩年半以來的艱苦困頓，印證一下新
亞奮鬥的情形，使我相信，新亞的前途完全寄託於這一精
神的實踐。[6]

　　據張丕介先生上文所說「新亞書院特別要表現武訓精神」、
「新亞的前途完全寄託於這一精神的實踐」，可知新亞師生當年
辦學，[7] 是以武訓的精神作為效法的對象者，即願意如同武訓
般，雖是一無所有的乞丐，但仍然以成全、造就年輕人的生命為
奮鬥的目標。唐先生所闡發的「武訓精神」是自感為一無所有，
而且對一般人所必需的家庭、知識才能、社會地位都不感需要；
他雖然自感不需要這些，但覺得別人對這些仍有需要，於是便要
去成全別人，希望別人能夠得到他們所需要的；如果別人不求上
進，以至於不能得到所需要的，武訓可以跪下來懇求別人奮發上
進，完成他們自己。唐先生認為，武訓所表現的是一對一切都不
感需要，「再不求為其自身而有所有」的絕對忘我的精神，而此
亦是一「同一於上帝之無限精神」，因為上帝本身圓滿自足，不
會有任何欠缺之感，唐先生此處以武訓自感無所需要，而認為武
訓便表現了如同上帝般的無限精神，是非常特別而善巧的類比，
也可以使我們對於上帝的精神有一貼切的了解。武訓為己無所

6　張丕介，〈武訓精神〉，收入劉國強編，《新亞教育》（香港：新亞研究所，1981），頁61-62。張
　　先生所引唐先生論文的原文，我作了一些校正。唐先生的原論文〈孔子與人格世界〉，收入唐君
　　毅，《人文精神之重建》（台北：台灣學生書局，1977），頁204-235。
7　新亞書院早期的畢業生有感於他們師長的無私的奉獻，也辦了一所新亞夜校，專門為不能在白天正
　　常上學的學生，作補救教育。在經費困乏的情況下，也延續了數年之久。

求，但可以為了成全別人而向其下跪，這好比是上帝之精神匍匐至地，懇求人上升於天。唐先生此說，真正闡明了武訓精神的偉大。此說明白表示了武訓的偉大是因為其表現了無限的精神。武訓自己雖然是一無所有的乞丐，但他完全為己無所求，而又以成全別人為自己的職志，這是無限而忘我的上帝的精神，以最為卑微的乞丐來表現。此說亦涵真正的偉大，是偉大者完全不自知其偉大，不單是不自知其偉大，而且把自己看作是最卑微者，故可以下跪來求老師用心教、學生用心學，這是至為偉大者匍匐於地，把自己當作是最卑微者，而以成全別人為心。偉大者而完全忘了其偉大，才是真正的偉大；而偉大者自視為最卑微者，才是真正的忘了其偉大，此武訓之所以是聖人也。唐先生此說，可謂層層深入、峰迴路轉，他對聖賢的生命人格的體驗之深，可謂當世無人能及。上文所說的對於武訓生命的分析，也可以說是對「無」的精神的闡釋，我想這也就是唐先生他們辦新亞的精神，即唐先生他們的辦學是完全忘我，而以成全青年人的生命為心者。以上兩小節所說的新亞精神，其實皆可以歸約到「無」之一字，從現實上的一無所有，可以引發不忍之深情，此是至虛至無的本體，也是人的內在的無上主宰，而由此可以引發從無而有的創造性的活動。而人如果能自視為至為卑微的如一無所有的乞丐，而且為己無所求，便可以達到完全的忘我，而亦體現此「無」的本體。

徐復觀先生曾回憶說，當年創辦新亞書院的錢穆、唐君毅、張丕介三位先生「有一個共同的志願，即是要延續中國文化的命

脈於海外，……他們三個人真可謂相依為命，缺一不可」[8]，牟先生亦曾說徐先生認為新亞的成立，靠的是錢穆的大名，唐君毅的理想，張丕介的苦幹。[9] 牟先生此一引述更為傳神。故所謂新亞的精神，主要是由唐先生的理想、悲願所代表的。而所謂唐先生的理想，便是上述的「從絕對的虛無可以創造一切」的堅信。而從新亞書院開始時以一個毫不顯眼的、朝不保夕的小規模書院，發展成為中文大學的柱石，而在教育史上與在學術文化上產生的重大意義與影響來看，也可證此「無能生有」之義。

二、新亞書院與當代新儒學之成立

要說新亞的成立對港台新儒學的影響，這話其實不太對，應該說沒有唐君毅先生他們成立新亞書院，港台新儒家此一學派就不可能成立。從1949到1959年牟宗三先生獨力在台灣弘揚儒學與中國哲學，當然有很大的作用。但牟先生重要的中國哲學的專著，都是在1959年到了香港之後才陸續完成的。而唐君毅先生從1949到1978年正是他的學術豐收時期，前十年，唐先生極力弘揚人文精神的意義，以抵抗唯物論，並疏導中國文化的精神價值，提出未來中國文化的創造之途徑，後二十年專注於傳統中國哲學

---

8 徐復觀，〈悼唐君毅先生〉，收入《唐君毅全集，紀念集》（台北：台灣學生書局，1991），頁19。

9 在徐復觀先生的〈悼念新亞書院〉一文中，有相類似的說法。此文收入李明輝、黎漢基編，《徐復觀雜文補編》第二冊（台北：中研院中國文哲研究所，2001）。

的闡釋，與個人哲學理論及系統的建構，而他們兩位的著作，便是當代新儒學所以能夠成為當代中國哲學的重要流派的根據所在。兩位先生的重要論著都在新亞寫成的，新亞書院除了提供了一個讓他們研究、教學的場所外，也成為他們兩位互相砥礪，甚至較勁的地方。如果仔細觀察一下二位先生的論著出版的年代，可以看到他們兩位好像是在互相比賽，他們許多重要著作的發表，都有你寫一部，我也回寫一部的情況。他們兩位前期的代表作，《文化意識與道德理性》與《認識心之批判》分量是相當的，都是前期見解的結晶；1949年之後兩位先生面對時代的劇變，做出了相類似的反應，在唐先生有《中國文化之精神價值》、《人文精神之重建》、《中國人文精神之發展》，牟先生則有《歷史哲學》、《道德的理想主義》、《政道與治道》等書。由1949到1959年，他們兩位可說是異地同心，意見一致，在徐復觀先生所主編的《民主評論》中，二位先生發表了許多足以傳世的鴻文，如《中國文化與世界宣言》（1958）便是由唐先生主稿，徐、唐、牟與張君勱先生聯名發表的，此文成為當代新儒學成立的宣告；後來二位先生都沉潛其精神，對中國傳統哲學做客觀而深入的研究，牟先生的《才性與玄理》、《心體與性體》及《佛性與般若》是要了解魏晉玄學、宋明理學及南北朝隋唐的中國佛教哲學必須要仔細研讀的皇皇巨著，而唐先生也寫成了《中國哲學原論》六大冊，其中《原道篇》三冊與《原教篇》一冊可說是既有深度又有系統的中國哲學史，也有人說唐先生這六

卷書，是中國哲學的寶藏，裡面的精義是十分深刻的；[10] 唐先生晚年把他一生思考所得表現在《生命存在與心靈境界》（兩冊）中，這可以說是對中西印的哲學理論做一個大判教，而牟先生的《智的直覺與中國哲學》與《現象與物自身》則是消化康德哲學，以康德學的精義及其思辨架構，以撐起中國哲學的智慧，又以中國哲學的睿見使康德學百尺竿頭更進一步，牟先生此兩部書加上後來的《圓善論》也是當代的判教性的著作，為中西哲學的會通及中西文化的綜合給出了他深刻的思考。由以上的粗略比較，可以看出他們同在新亞的二十年的重要性。如果沒有這二十年，固然當代新儒家這一學派不能有，而當代中國哲學也會失色許多。

唐、牟二先生對中國文化的態度，對哲學的理解與關於傳統儒道佛三教的義理詮釋，固然可以說大方向是相同的，但不同之處也不少。二先生很少在文字上明白表示不贊成對方的見解，但其實在重要的關節處，都有較為含蓄而委婉的論述。如對於老子的思想型態的衡定，對天台宗與華嚴宗的異同，何者為真圓教，及朱子在宋明理學中應有的地位，二位先生都有不同的看法。我認為這些論學見解的不同，也是他們不斷地勤於著述的動力。牟先生曾經私下和我們開玩笑的說：「唐先生白天與李卓敏（時任中文大學校長）鬥爭，晚上則與我鬥爭。」當年唐先生為了力爭新亞書院辦學的獨立性，與中文大學的校長的確常在會議上爭

---

10 友人吳汝鈞教授曾一再表示此意，見吳汝鈞，《當代新儒學的深層反思與對話詮釋》（台北：台灣學生書局，2009），第一章，頁6。

論，而據唐師母與唐先生的傭人金媽所說，唐先生常常晚上寫作到凌晨一、兩點[11]。這是上文所說的二先生「較勁」的根據所在。我認為這種情形是非常難得的，二先生論學意見有出入，一方面維持了深厚的情誼，另一方面對對方的異見又不肯緘默，於是有論著不斷的出現，這是當代中國哲學史上非常特別而且可貴的情況。以上是說明新亞書院的成立，對於當代新儒學的核心人物之哲學理論的發展、著述之產生有著非常重大的作用。不只唐、牟二先生，錢穆先生的《朱子新學案》是其晚年最大的著作，錢先生也應該是看到唐、牟二先生對朱子學的深刻闡釋，而又感到不滿，於是引發或加強其撰寫的動機[12]。徐復觀先生在新亞書院講學的期間則完成了《兩漢思想史》三大冊，與後來收在《中國思想史論集・續篇》的許多重要論文，徐先生這些著作都很能表達了他不同於唐、牟二先生的對中國哲學思想的理解。他們論學見解不同，但都維持了君子之交，又促成了他們生平最重要的著作的完成。

三、對台港新儒學發展的影響

（一）牟宗三先生在受聘香港大學之前，先後在台師大與東

---

11 金媽慨嘆：「先生已經是講座教授了，生活已經不成問題了，還拼命寫，為的是什麼呢？」

12 錢先生此書出版於民國60年。據他書前〈例言〉所說，此書在民國53年7月發意撰述，民國55年起草。牟先生在民國54年發表〈胡子知言疑義〉及〈象山與朱子之爭辯〉二文，對朱子思想型態有明白的判斷。唐先生讀後，在民國54年12月發表〈朱陸異同探源〉一長文。

海大學任教，在師大的六年，除了擔任國文系哲學課程的教授外，又於課餘開辦人文友會，每兩週一次，由牟先生主講中西哲學的重要課題，聽講者除師大國文系同學外，也有文學院其他系的學生，這一講會培養了很多中國哲學界的人才，如蔡仁厚、戴璉璋、唐亦男、王淮、陳問梅、陳癸淼、周群振等先生。唐君毅先生也在訪問台灣的時候在人文友會中做演講，當時候牟先生的學生都把唐、牟看做是共同的老師，上述的牟先生在台早期的學生多有在香港《人生雜誌》投稿，除了《人生雜誌》外，徐復觀先生主編的《民主評論》也刊登了唐、牟、徐三先生，以及他們學生們的重要論文，《人生雜誌》與《民主評論》由於他們的努力述作，在十餘年間成為當代新儒學重要的發表園地，而其中《民主評論》的地位尤為重要，《民主評論》與以殷海光先生為首的《自由中國》的學者們意見不同，曾起激烈的論辯，這也是那個時候港台思想界的重要學術事件。

牟先生在東海任教四年，與徐復觀先生一道在中文系也培養了好多弟子，其中杜維明教授是最有名的，而據劉述先先生的說法，他在東海當講師的時候也參加牟先生的課餘哲學講會，深受牟先生的啟發，他對於中國哲學乃至宋明理學的了解也是接近牟先生的詮釋方向的。徐先生的弟子不只是研究思想史的，文學家楊牧先生曾表示，他受徐復觀先生的影響是非常深的。[13] 牟先生

---

13 見《他們在島嶼寫作》（台北：目宿媒體，2012）中的楊牧部分。唐、牟二先生對香港的文學家也有很大的影響，如名作家小思曾說：唐先生對她的人生與文學創作影響甚大。另一名作家西西曾長期在新亞研究所聽牟先生的課，寫有〈上課記〉一文，記述當年聽課的感受。

到香港之後先在香港大學任教，也於新亞書院兼課，開始了上文所說的唐、牟二先生豐碩的著述時期。唐先生早期在新亞書院當然也教出了很多人才，如唐端正、鄭力為等。史學家余英時教授就是新亞最早的學生，余教授是錢穆先生的傳道弟子，他對中國思想史的講法自成一套，不同於新儒家的方向與途徑，但對當年唐先生的影響也不能不肯定。[14]

（二）牟先生在港大指導的學生不多，可能只有方穎嫻教授可以接得上牟先生的學問，方教授後來發表有關孔子論仁的涵意的論文，很有發明，牟先生認為是討論這個課題講得最好的一篇論文。牟先生後來轉到新亞書院專任，於是他與唐先生有六、七年共同教學，一起培養後進的經驗。這幾年的新亞書院哲學系的同學有幸得到他們二位先生給出的完整哲學訓練與強烈的對中國文化的信心，在二位先生強大的感染力之下，使得本來比較現實感強的、重功利的香港年輕學生，也產生了可以承繼二先生志業的一群學者，如李瑞全、謝仲明、劉國強、陳榮灼等教授，他們好幾位後來到東海大學哲學系任教，讓東海哲學系數年之間有非常蓬勃的研究中西哲學的風氣，他們也調教出了後一輩的年輕的哲學人才。李瑞全、陳榮灼兩位與當時台北《鵝湖月刊》的許多成員是好朋友，於是鵝湖月刊社與李、陳二位共同努力，產生

---

14 在2009年香港中文大學「唐君毅先生銅像揭幕典禮」的書面及錄影的致詞中，余教授對唐先生當年在香港弘揚中國哲學的努力，是非常肯定的，他說：唐先生的作法等於是為哲學打天下，唐先生的成就可謂立德、立功、立言兼而有之。余先生又自稱為門人。可見唐先生對當年流亡到港的新亞學生確有重大的影響。

了《鵝湖月刊》每年一次的鵝湖學術研討會，後來更擴大會議的規模，成為當代新儒學國際學術會議。

　　（三）台北《鵝湖月刊》剛成立的時候成員幾乎都是在學的學生，而且有些只是大學部的在學學生。這個刊物是由輔仁大學與台灣師範大學兩校的同學共同創辦的。《鵝湖月刊》存在到今天已經超過三十六年，除了每月出版一期月刊外，又有半年一期的《鵝湖學誌》，辦過對社會講學的多次鵝湖文化講座，在1980年代辦了多次的鵝湖學術研討會，後來在1990年開始舉辦兩三年一屆的當代新儒學國際學術會議，已經辦了九屆，又出版了幾十本鵝湖學術叢書。鵝湖學社的成員現在也大多在台灣各大學擔任有關中國哲學的課程。客觀地說，台灣的鵝湖學社是當代新儒學的一個重鎮，而當年鵝湖的創辦與唐、牟二先生的來台講學是分不開的。牟先生在1974年從中文大學新亞書院退休，應當時中國文化學院創辦人張其昀先生的邀約，到文化學院擔任客座教授，而借台灣師大的教室上課，使得當時在師大攻讀的同學們有機會聆聽牟先生的康德哲學課。在課餘，牟先生常到我們在師大附近所租賃的學生宿舍聊天，當時我與潘柏世先生夫婦、林鎮國、吳潛誠、王文進等先生住一起，已畢業的廖鍾慶學長也常來。牟先生當時談興很高，我們聆聽了很多牟先生的治學心得。這一段時間，牟先生住在劉國瑞先生家，我們常去請益。潘柏世先生是輔仁大學哲研所的碩士，而他的同學沈清松、袁保新等先生也常來。潘先生之前幫先知出版社擺設書展的攤位，與逛書展的廖鍾慶談起熊、唐、牟等先生的著作，一談之下，馬上訂交，也由此

機緣認識了沈、袁二位。後來潘先生在師大附近租房子，約我與鎮國兄等同住，而這個房子後來便成為鵝湖雜誌誕生的地方。當時我們也認識了在輔仁大學兼課的王邦雄教授。而深受唐君毅先生著作所影響的曾昭旭教授與王邦雄教授是同學，二位性格不同但互相推崇，而這一群朋友們常往來問學，共同研讀唐、牟二先生的重要著作，也討論海德格與現象學的重要觀念，由此醞釀了一段時間，就有了創辦一份以弘揚儒學與探究中西文化哲學會通之道為主旨的學刊的想法。當時由潘先生提出，上述輔大與師大的朋友都贊成，於是有《鵝湖月刊》的創辦，我們所以採用「鵝湖」作為刊物的名稱，是因為朱子與陸象山有鵝湖之會，雖然此會不能夠解決二賢的思想異同，但成為真誠的學術討論的象徵，從刊物的取名就可以知道它是以弘揚儒學為職志的學術刊物，後來曾昭旭先生查出了鵝湖創刊的那一年，正是鵝湖之會的八百周年[15]。月刊快要出版的時候，牟先生已經回香港，而唐君毅先生則到了台灣講學，我與袁保新教授拿了鵝湖發刊詞與一些稿件去拜見唐先生，得到唐先生的大力肯定，認為我們這個刊物表現了年輕人對學問的真誠，相信可以一直辦下去。[16] 我們也可以稍微誇大的講，鵝湖雜誌能夠存在幾十年，也多少表現了如同當年唐先生他們辦新亞的時候所持守的從無可以生有的信念。當時我們

---

15 朱、陸鵝湖之會是在1175年，《鵝湖月刊》創刊是在1975年，剛好相距八百年。

16 袁保新，〈唐君毅先生與鵝湖精神〉，《唐君毅全集·紀念集》（台北：台灣學生書局，2000），頁448-453。

的確也毫無憑藉，只有一股弘揚儒學、踵武前賢的熱忱。[17] 大概也跟新亞當年創辦的情況差不多。現在回想起來，沒有現實上的憑藉反而是引發真正創造性的力量的機緣。

（四）唐先生在台講學大概不到一年，但也留下了許多的講學紀錄，大體都是朱建民教授整理的，朱教授除了上唐先生課之外，後來也陪著牟宗三先生生活一段時間，他的碩士論文，應該是很受到牟先生在宋明理學方面的啟發與指點的。[18] 唐先生在1978年去世，唐師母遵照唐先生的遺願，從香港歸葬台灣，此舉有其深意。後來牟先生於晚年的時候常常回台講學，病重時表示要葬在台灣，這應該與唐先生是同一種心情。唐、牟二先生的墓地成為台灣新儒家後學常去瞻仰，藉以鼓舞士氣的地方，而外地學者也常常慕名前往拜祭。唐、徐二先生去世後（徐先生於1982年去世），從這個時候直到1995年，二十多年的期間，牟先生可說是獨力維持新儒學的陣營，他除了在香港新亞研究所繼續講學及指導學生之外，也常常來台灣擔任客座教授，在台大、師大擔任了好幾年的講座，又曾經來中央大學作一系列的演講，講了幾個月，由中央大學的學術基金支付講座的費用。[19] 當時又得到名建築師李祖原先生的支持，成立了東方人文學術研究基金會，鼓

---

17 當年《鵝湖月刊》的經費是由參與的成員七、八人每人捐1,500台幣，加上當年師大國文系六四級丙班全班同學的訂閱費，及師大戴璉璋、余培林兩位老師所捐的幾千元。

18 除了朱建民教授外，如王財貴、李明輝、何淑靜、尤惠貞、林月惠等，都曾照料牟先生與師母的生活，也在日常生活中得到很多牟先生的指點。這對他們後來都成為獨當一面的學者，應是很有關係的。

19 朱建民教授對於促成牟先生在中央大學講學給出了很大的貢獻。

勵中國哲學的研究，研究的成果多刊在《鵝湖學誌》上，而學誌的出版費用也由基金會撥款支持。唐、牟二先生的學術專著全都有台灣版，在台灣學生書局出版者尤多，這些著作成為近數十年來台灣學者研究中西哲學必須研讀的經典性作品。學生書局後來出版了《唐君毅先生全集》，學者稱便。牟先生逝世後，聯合報報系創辦人王惕吾先生要旗下的聯經出版社負責出版《牟宗三先生全集》，牟先生弟子幾乎全部投入《全集》的編撰工作，使《全集》得以順利出版。又由於東方人文學術基金會的支持，香港新亞研究所盧雪崑教授整理了牟先生在港台講課的錄音，共整理出十多本講課錄，內容涵蓋中國的儒、道、佛三教的義理，與西方康德哲學。在台北《鵝湖月刊》連載了十多年，內容固然精深，但親切易懂，是了解牟先生哲學的最佳指引。這一批的演講錄，是牟先生全集的重要補充，對於台港及大陸新儒學的研究，已經產生了很大的影響。

四、結論

上文是從我個人的觀點及所知來說明新亞書院、新亞研究所[20] 的成立對港台新儒學發展的影響。文章雖然掛一漏萬，但也

---

20 新亞研究所在1953年成立，得到一個基金會的支持。而此研究所的行政與教學一直維持其獨立性，後來退出中文大學，在新亞書院的舊址繼續培養研究中國文史哲的專才，迄今仍在努力奮鬥。歷年從此研究所畢業的同學也有相當的數量，有多位在港台及大陸的大學任教。可以說新亞研究所仍然承續了新亞的精神。

可以多少表達了唐先生他們的努力，的確是功不唐捐之意。他們在極端艱困的情況下努力奮鬥，又潛心研究，建構了當代新儒學的哲學理論，又以無比的教學熱忱造就了大量的學術人才，可謂已經盡了他們的時代使命。牟先生曾提出「生命的學問」一詞，以規定儒家學問的本質，而凡接觸過唐、牟二先生的人，都會感受到他們與一般學人迥然不同的生命精神，讓人體會到另外一個層次的生命境界，真可謂目擊而道存。這是我認為二先生能有如此大的影響力的緣故。當然他們當年創辦新亞、努力著書講學的目的雖說是要延續中華文化於海外，但最終還是盼望中華大地能夠恢復傳統的文化精神。如果說這是他們奮鬥的最終目的，則此目的的實現，應該為期不遠。

中國大陸在80年代開始了改革開放政策，對於儒學的研究也慢慢正常化，漸漸注意到港台新儒家的重要性，於是由方克立教授主持包括唐、牟、徐三位思想的「現代儒學」研究課題，這個課題的研究的目的，原初可能是要批判當代新儒學的，但參加此課題組的大陸學者，許多位後來成為研究當代新儒學的專家，而且他們對於新儒學的研究並不只看做是客觀的知識之學，也對此一學問產生了生命性情上的共鳴，其中上海的羅義俊教授對新儒家之學尤為傾倒，他後來到香港有機會看到牟先生，得到牟先生的肯定，把他看作是弟子，這個是羅教授深引以為榮的；而比較年輕的顏炳罡教授當年寫了一本論述牟先生哲學思想發展的書，牟先生看到此書的原稿，一面看一面幫他修改，後來在台灣學生書局出版，是研究牟先生思想發展的有系統之專著。從以上的說

明可見大陸上的學者一旦接觸到新儒家的著作，便馬上受到影響；最近大陸學界儒學的研究愈發興盛，我們應可以有「必歸於儒」[21] 的期待。

21 孟子曰：「逃墨必歸於楊，逃楊必歸於儒。歸，斯受之而已矣。」（《孟子‧盡心下》）

第二章

香港、台灣60與70年代抗日愛國電影[*]

林文淇

一、中日戰爭期間的抗日電影

　　第二次世界大戰由於日本對於中國的侵略，為中國帶來了八年慘痛的經驗。在日本侵華期間，無論在中國與香港都有大量的影片，直接或間接呈現日本軍事暴行與刻畫戰爭所帶來的苦難。其中有以攝影機記錄歷史的紀錄片，如記錄1937年蘆溝橋事變的《蘆溝橋事變》與記錄台兒莊戰役的《克復台兒莊》等。為數更多的是劇情片或中國大陸慣稱的故事片。據汪朝光指出，「自1938年至1945年，位於大後方的中國電影製片廠和中央電影攝影場共拍攝了19部故事片，幾乎清一色以抗戰為題材……，為國內外觀眾留下了中國人民不畏強暴、堅決反抗外敵侵略的歷史記憶」[1]。張智華更進一步說明這些影片的內容與形式特徵：

---

[*]本文為國科會「1955-1981台灣抗日電影研究」專題研究計畫補助成果，計畫編號：NSC 100-2410-H-008-069-MY2。

1 汪朝光，〈抗日戰爭歷史的影像記憶──以戰後中國電影為中心〉，《學術研究》，6 (2005)，頁92。

這些故事片多根據真實事件創作而成的，具有新聞式的紀錄特點，生動地表現了戰鬥的激烈場面與官兵為保家衛國而浴血奮戰的精神，風格真切樸實。以《保衛我們的土地》（史東山編導）、《熱血忠魂》（袁叢美編導）、《八百壯士》（編劇陽翰笙、導演應衛雲）、《血濺寶山城》（蔡楚生等編導）、《東亞之光》（導演何非光）、《塞上風雲》（導演應衛雲）、《中華兒女》（導演沈西苓）、《長空萬里》（孫瑜編導）等為代表。[2]

由於香港在1941年被日軍佔領前相對自由的環境，戰時更多的抗日愛國電影是由香港製作。無論是國語片或是粵語片，都有大量以中國或香港的戰時生活為背景的電影。隨著抗日戰爭的發展，不少影人逃至香港，為香港電影產業帶來大幅成長。據梁良的描述，在大戰開始後，光是「在1937這一年，香港電影界一共出現了25部以抗日救亡為題材的『愛國電影』，約佔當年出產的85部電影中的三成，可見當時香港電影界對祖國被日軍侵略的關心和不滿是如何的強烈」（〈香港抗日電影〉）。這些影片包括《肉搏》、《焦土抗戰》、《大義滅親》、《兒女英雄》、《時代先鋒》、《錦繡河山》、《鐵血鋤奸》等。

---

2 張智華，〈論抗日戰爭電影的主要特徵〉，《電影藝術》，5 (2005)，頁10。

二、抗日勝利後的抗日電影

　　然而，對日抗戰勝利之後，中國內戰並未停止，直至1949年國民政府遷至台灣，中華人民共和國成立，戰爭夢魘才暫告結束。回顧二次大戰之後的三十年間台灣與香港的電影史，可以發現港台兩地對於在銀幕上呈現記憶猶新的日本侵華歷史與對日抗戰經驗，有非常不同的態度。由於不同的政治與產業因素，香港的抗日愛國電影發展，從戰後到70年代可說是由熱到冷，反觀台灣則是由冷到熱。戰後的台灣受限於冷戰國際局勢與國共對立等原因，在電影銀幕上並未對這段國家與民族十餘年的創傷經驗有寫實的刻畫。在紀錄片方面，當時台灣拍攝的重點主要在於反共主題，同時透過影像凸顯台灣的建設成果。李道明的研究顯示，「整體來說，50年代台灣電影攝製廠的紀錄片與新聞片，多半在強調：一、台灣是反共的基地，二、台灣實施了民主的地方自治，三、海外華僑的心是向著台灣的，四、台灣的各種建設正在突飛猛進」[3]。抗日劇情片在整個50年代幾乎付之闕如，台語片只有何基明攝製於1957年的《碧血青山》與次年的《血戰噍吧哖》二部，分別刻畫當時原住民與台胞抗日的霧社事件及噍吧哖西來庵事件。這兩部影片很可惜都已佚失。國語片部分也有兩部，一是1958年高和影業製作，國防部總政治部獻映的《血戰》，由田琛導演，李行與田豐擔任副導演，田豐還參與演

---

3 李道明，〈新聞片與台灣〉，電影資料館本國電影史研究小組著，《台影五十年》（台北：國家電影資料館，1996），頁103。

出。[4] 然而，本片對白很少，絕大部分的內容聚焦於前線陣地的十來個士兵，刻畫他們在抗戰末期堅守陣地與日軍對峙的艱辛，對士兵戰鬥的寫實呈現遠大過於抗日主題。因此，本片在正片開始前，還特別插入一位女主持人的介紹，以激昂的口吻對於影片中不甚清楚的「抗日精神」以及所引申的「反共精神」加以說明。另一部是中影於1959年拍攝的《蕩婦與聖女》，本片改編真實事件，是關於一個以蕩婦身分掩護抗日行為，實為愛國女子的故事。這兩部國語片一為官方製作，一有軍方參與，一如徐叡美的研究指出，影片「將『反殖民』論述與『中國國族』論述兩者相互結合」，藉抗日主題來強化國族建構。[5]

三、台語的抗日電影

除了兩部可惜已經佚失的影片之外，台語電影在1950年代有白克等幾位導演在57至60年間拍攝了四部以台灣同胞被強征到南洋參與戰爭，因而導致愛情與家庭的悲劇故事，分別是《夜來香》（1957）、《魂斷南海》（1958）、《海南島戰後歸來》（1958）與《愛你到死》（1960）。1965年梁哲夫的《送君心綿綿》裡，以一對情人的故事，呈現台灣人在日本殖民統治下次等

---

4 黃仁在《電影與政治宣傳》中提到1950年代的抗日電影，指出「只有台語片涉及此題材」（143），應該是疏忽了這兩部國語片。

5 徐叡美，《戰後台灣電影中對日本的印象（1949-1972）：從官方文化政策角度分析》，國立中正大學歷史研究所博士論文（嘉義縣：國立中正大學，2010），頁47。

公民的命運，也再度將台籍青年被送往南洋當砲灰的歷史寫進劇情中。其實，曾拍攝《地獄新娘》的導演辛奇，1950年代也曾積極籌拍《沒有祖國的人》。那是一部關於二戰期間被日本調去南洋擔任戰俘管理員的台灣人，在戰後卻要面臨軍法審判，以及中、日雙方都不願接收的雙重困境與悲哀。但由於這個題材資金難尋，這部影片雖然他到過世前仍念念不忘，終究沒能完成。[6]辛奇接受訪問時，曾說明他堅持要拍這部影片的原因是「因為身為台灣人，一定要留些東西給我們的子孫後代，而台灣在異族長期的統治下，心中遺留下來的悲情要把它發洩出來」[7]。然而，儘管悲情如此巨大，但是在銀幕上的呈現卻少得不成比例。對於抗日電影在50年代台灣電影幾乎缺席的「弔詭現象」，李天鐸認為是戰後「黨國機器未曾有系統的以『政治運動』（campaign）型態介入抗日電影的生產，來建構對日本這個百年民族宿敵的同仇情緒」[8]。黃仁也感慨：「台胞的抗日電影題材實在非常豐富，但是以發揚本土文化為號召的台語電影在總數一千多部台語片中，抗日電影不到百分之一。造成這種遺憾的因素雖然不少，但是我以為政府的不獎勵、不支持、不攝製，是最大的因素，也是政府最大的失策」[9]。

---

6 黃仁，《辛奇的傳奇》（台北：亞太圖書，2005），頁36。這個題材後來由陳致和在2008年拍攝了一部紀錄片：《赤陽》。

7 吳俊輝訪問，〈辛奇訪談錄1：歷史、自我、戲劇、電影〉，電影資料館口述電影史小組編，《台語片時代》（台北：國家電影資料館，1994），頁120。

8 李天鐸，《台灣電影、社會與歷史》（台北：視覺傳播藝術學會，1997），頁160。

9 黃仁，《悲情台語片》（台北：萬象圖書，1994），頁100。

四、香港拍攝的抗日電影

　　反觀香港，戰後幾年由於大陸局勢混亂，加上不少上海影人因在抗戰期間曾參與日本人成立的「大中華電影聯合公司」，戰後被指為「附逆影人」或「漢奸」，[10] 更多上海電影人南下香港。張建德（Stephen Teo）指出，這一波的上海—香港電影人大遷徙，「人才面較以往來得更廣，包括製片、明星與導演們」[11]。梁良也稱這批南移的上海影人是50年代「香港國語片界的中流砥柱」。據郭靜寧所編的《香港影片大全第四卷（1953-1959）》的統計，這個時期香港一共出產了1,694部電影（平均年產量242部），其中粵語片佔1,055部（平均年產量150部），國語片佔402部（平均年產量57部）。在這個背景下，50年代的香港國語劇情片，拍攝了不少寫實的抗戰文藝片，如岳楓的《花街》（1950）、費穆的《花姑娘》（1951）與卜萬蒼的《女人與老虎》（1951）。其中《花街》一片因參與的影人與明星，多數在戰後蒙受「漢奸」的指控，因此影片的製作別具意義。傅葆石在他的〈回眸「花街」：上海「流亡影人」與戰後香港電影〉一文中指出，1946至1950年間，香港製作了不少以戰爭和佔領為主

---

10 據傅葆石指出：「1947年12月，一大批活躍於敵佔區電影圈的著名影片公司主管、劇院老板、導演和演員因『附逆影人』的關係遭到審訊，從此臭名遠揚。其中包括張善琨、陳雲裳、岳楓、周璇、李麗華、嚴俊、張石川和陳燕燕。到1948年年初為止，共有108位影視名人因『通敵叛國』遭到起訴」。參見傅葆石，〈回眸「花街」：上海「流亡影人」與戰後香港電影〉，《現代中文學刊》，10.1 (2011)，頁31。

11 張建德（Stephen Teo），*Hong Kong: The Extra Dimensions* (London: BFI, 1997), p.11.（我的翻譯）

題的粵語片和國語片，但是只是把戰爭作為一般故事的背景，不像《花街》是關於在日軍佔領區生活的困難和屈辱[12]。在《花街》中，「影人試圖重新審視這段沉重得令他們不能承受的歷史，他們更試圖利用香港與大陸間的距離這一優勢加入席捲全國的大爭論：在日佔區的極端環境下，如何界定忠誠與背叛之間的界線」[13]。這個抗戰文藝片的類型在1960年代有幾部膾炙人口的代表作，一是電懋在1961年的《星星月亮太陽》（易文導演），以及邵氏公司在1966年推出的《藍與黑》（陶秦導演）與1967年的《烽火萬里情》。這三部片呈現在抗戰時期個人情愛難逃大時代命運作弄，影片均獲得台灣金馬獎或亞洲影展多項大獎的肯定。[14]

　　如果說1950年代，台灣由政府機構領導的電影界在抗戰主題電影因著眼於反共因此缺席，而香港電影界則因上海南下影人的投入，對於抗戰經驗有深刻的寫實呈現，兩地一冷一熱的高反差到了60年代有了殊途同歸的發展：抗日間諜片。這個歷史巧合是肇因於007小說的第一部電影《第七號情報員》（*Dr. No*；港譯：《鐵金剛勇破神秘島》）在1962年推出。這部製作成本不高的英國影片，受惠於冷戰氛圍，加上電影在情節、男女主角與配

---

12 同上，頁35。

13 同上，頁34。

14 《星星月亮太陽》在第一屆金馬獎（1962年）獲得最佳劇情片、最佳女主角（尤敏）、最佳編劇與最佳彩色攝影等獎項；《藍與黑》則獲得第十三屆亞洲影展最佳影片獎，第五屆（1967年）金馬獎優等劇情片與最佳女配角獎。《烽火萬里情》獲得第六屆（1968年）金馬獎最佳女主角（凌波）、最佳男配角、最佳女配角、最佳音樂及優等劇情片等獎項。

樂上都令觀眾印象深刻，在港台上映後大受歡迎。1956年第一部35釐米的台語片《薛平貴與王寶釧》上映，因為均為民營，純為商業考量沒有政治因素綁手綁腳，發展迅速。到了1962年產70部，1963年已經逼近百部，電影類型涵蓋日本與美國好萊塢各種通俗片，對於這個有票房潛力的間諜片新類型自然不會錯過。張英由他創設的萬壽公司翻拍1945年在上海極轟動的同名電影《天字第一號》在1964年推出。這部影片以抗戰時期為背景，內容講述國民政府女特務「天字第一號」為了任務犧牲與男主角的感情，嫁給大漢奸。男主角因為是漢奸的外甥也被國民政府吸收，到他家出任務並與漢奸的女兒交往，卻不知道女主角就是天字第一號，還有家中的僕人也是潛伏的特務。最後女主角仍以國為重，犧牲個人感情，與男主角一同完成任務並成全他與新情人。張英找來柯俊雄、白虹與柳青擔綱所製作的台版《天字第一號》，在台灣迅速掀起一陣抗日間諜片的熱潮。這個台語間諜片的熱潮雖然只有1964至1967短短四年，但是僅《天字第一號》就連續拍了五集，其他電影公司陸續推出的影片有《第七號女間諜》（1964）、《特務女間諜王》（1965）、《間諜紅玫瑰》（1966）等超過30部。由於多數影片皆已佚失，無法確定影片完整內容，但是從薛惠玲與吳俊輝所整理的〈台語片片目〉中，我們從片名以及可以查得的文字資料判斷，以抗日為背景的台語間諜片應該是這個類型影片的大宗，為數至少超過半數。[15]

---

15 參見電影資料館口述電影史小組編，《台語片時代》（台北：國家電影資料館，1994），頁381-398。本文中未列出的其他影片包括：《天字第一號續集》、《第六號情報員》、《第三號反間

儘管在1960年代中後期有不少台語抗日間諜片出現，但是就現存的影片內容來看，在這些間諜片裡，抗日不過是模仿007間諜敘事類型所設定的方便歷史背景，雖然少數會在片中加入日軍轟炸與百姓逃難的歷史畫面（如《天字第一號》），但是均屬點綴性質，片中的日本特務、軍官以及漢奸等角色都清一色樣板化，或無能或好色，偏向喜劇丑角的類型。國民政府的特務（重慶份子）相對而言角色較為豐富，也有較多情感面的刻畫，但普遍還是缺乏深度。這些間諜片的賣點還是著重在爾虞我詐的間諜行動，如《天字第一號》系列中白虹所飾演的角色變化多端的喬裝易容、特務間聯絡的暗號密語等，此外就是國民政府特務秘密基地的密室機關設施、迷你手槍與死光槍之類的特殊武器等。由於製作成本較低，從編劇、攝影與場景道具等層面來看，台灣抗日間諜片相較於同時期的香港抗戰文藝片顯得粗糙許多。影片所呈現的「抗日經驗」雖然大多數均設定在對日抗戰期間的中國，但是故事並非取材或根基於抗戰歷史，而是由007《第七號情報員》以及《天字第一號》兩部原型電影加以發揮，再從當時的武俠片與其他影片類型裡擷取賣座的元素加入其中，如《第七號女間諜》與《真假紅玫瑰》裡國民政府特務首領是以神出鬼沒的黑

諜》、《金雞心》（《天字第一號》第三集）、《中日間諜戰》、《第三號反間諜續集》、《假鴛鴦》（《天字第一號》第四集）、《大色藝姐》、《情報員白牡丹》、《諜報七金剛》、《豔諜三盲女》、《女○○七》、《盲女地下司令》（《豔諜三盲女》第二集）、《盲女集中營》（《豔諜三盲女》第三集）、《盲女大逃亡》（《豔諜三盲女》完結篇）、《死光錶》、《諜報女飛龍》、《真假紅玫瑰》、《國際女間諜》、《鐵漢空空俠》、《女人島間諜戰》、《萬能情報員》、《諜網姐妹花》、《諜報七金剛》、《諜王女金剛》、《千面夜叉》（《女○○七》續集）、《貓眼女間諜》、《二十九號反間諜》、《國際金塊間諜戰》、《王哥柳哥007》。

衣人模樣出現，使用的武器除了槍枝還有飛刀與吹箭。

因此，台灣抗日間諜片的抗日經驗可以說是純粹想像的建構。香港抗戰文藝片中所關切的戰後漢奸辨別議題，在這些影片忠奸分明的世界裡完全不存在。反而，這些影片在刻意避開敏感的國共政治問題，以及日本在戰時的殘酷殺戮行為，以符合當時國民政府親日的政策，將劇情著重在特務潛伏工作，以至於片中一再展示的是台灣（中國）與日本幾乎毫無阻礙的身分流動性。多數片中透過「喬裝」與「假扮」改變或混淆身分是十分容易的事，劇情中國民政府女特務可以輕而易舉以日本軍官或漢奸的妻子（《天字第一號》）、女兒（《第七號女間諜》、《間諜紅玫瑰》）或情人（《金雞心》），滲入日本特務機關核心，進而從事破壞工作。就影片製作而言，由台灣演員所扮演的日本軍官與特務或是中國的重慶份子，一律操著流利的台語。這些影片對於角色在語言上的寫實性幾乎完全不加以考慮，只有極少數的片中，日本軍官會夾雜幾句日語，但台日語夾雜是經歷五十年日本殖民統治下的台灣生活現狀，很難視為電影加在日本角色身上的寫實符號。片中對於身分辨識問題，只存在於國民政府特務自己人之間的身分確定，對於香港戰後電影關心的臥底特務與漢奸之間虛實難辨的問題，要等到李翰祥所拍攝的《揚子江風雲》（1969）與丁善璽的《英烈千秋》（1973）二部國語片，才有比較深入的刻畫。其實，這個時期的台語片還有洪信德拍攝的《霧社風雲》（1965）以及蔡秋林拍攝的《台灣英烈傳》與《八卦山浴血記》（1965）上下二集，都是關於台灣本土抗日歷史的影

片，只是淹沒在商業掛帥的眾多娛樂類型片中。

60年代中期，香港電影也陷入007「占士邦熱」，推出大批間諜片。然而，這些間諜片雖然炮製007公式，但是卻迴避政治議題，不會在片中呈現任何強烈的冷戰意識型態。據何思穎在〈無間諜——香港電影對於占士邦熱的回應〉一文中的觀察，這是由於英國殖民政府在冷戰時期刻意維持的政治中立政策，「因此將西方特務片公式套用在動作驚慄片中……其實都是無間諜的間諜片」[16]。在這些影片中，何思穎指出仍有少數以抗日為題材的間諜片，如《驚天動地》（1962）、《密碼間諜戰》（1964）、《女間諜第一號》（1965）及《戰地奇女子》（1965），這些電影「都具有明確的道德立場……針對的是日本侵略者或邪惡的軍閥，打的仗都黑白分明、毫不曖昧」[17]。除了這些影片之外，由香港電影資料館的書面資料顯示，1960年代香港關於抗日特務行動影片至少還有《諜海四壯士》（1963）與《血字第一號》（1965）。兩部影片均與台灣抗日間諜片類似，由女性執行潛入日本機關的特務工作。《諜海四壯士》有張美瑤參與演出，影片獲得第三屆（1965年）台灣金馬獎「最佳發揚民族精神特別獎」與「最佳編劇」。[18]

香港在1960年代除了間諜片與抗戰文藝片之外，還有胡金銓

---

16 何思穎，〈無間諜——香港電影對於占士邦熱的回應〉，黃愛玲、李培德編，《冷戰與香港電影》（香港：電影資料館，2009），頁221。

17 同上，頁225。

18 由於上述影片目前在香港電影資料館皆無影像資料提供，因此在此僅能就何思穎所述內容，以及可以在香港電影資料館蒐集的書面資料進行討論。

在1963年導演的《大地兒女》。本片在台灣受到金馬獎高度肯定，拿下第四屆（1966年）金馬獎「最佳編劇獎」、「最佳剪輯獎」以及「最佳發揚民族精神特別獎」三個獎項。但由於胡金銓後來在武俠電影的成就非凡，因此這部描寫日軍侵略中國後社會底層百姓的生活，以及民眾組織游擊隊抗日的影片，至今並未受到足夠的重視。本片據黃仁在《胡金銓的電影世界》指出，原來預計是三小時，但因「新加坡與馬來西亞實施反種族法，迫使邵氏大量刪減日軍暴行場面和中日對抗鏡頭，尤其有國旗場面全被剪光，只剩兩小時二十分……」[19]，或許因為這個原因，本片在香港與東南亞票房非常不好，導致原本胡金銓要用同一批道具與服裝拍攝的第二部相同主題影片《丁一山》計畫被迫終止，邵氏公司因此要胡金銓「避開反日情緒和時事問題，拍一部商業性更高的電影」，胡金銓遂將第二部影片改為商業性高的武俠片《大醉俠》[20]。抗日主題鮮明的《大地兒女》在香港與東南亞市場票房失利，意味著香港電影從戰時到戰後的抗日電影傳統就此已可算是終結。《丁一山》雖然在1974年由邵氏電影公司找來鮑學禮執導拍成，但是影片類型偏向動作片，在抗戰經驗上並無深刻的呈現。

---

19 黃仁編著，《胡金銓的世界》（台北：亞太圖書，1999），頁107。
20 山田宏一、宇田川幸洋著，厲河、馬宋芝譯（1998），《胡金銓武俠電影作法》（香港：正文社，1998），頁59。

五、台灣拍攝的抗日電影

　　台灣抗日電影製作的輝煌時期要到1969年之後才展開。李翰祥為中國電影製片廠（中製）所拍攝的《揚子江風雲》（1969）登上當年賣座冠軍，引來國語間諜片一陣熱潮。梁哲夫的《重慶一號》（1970）是其中之一，由原本以製作台語片為主的台聯公司所拍攝的國語彩色片。不過，台灣的外交局勢隨著美國尼克森總統上任後與中共密切接觸開始惡化，1970年發生釣魚台主權爭議，保釣運動展開；1971年台灣退出聯合國；1972年尼克森總統訪問中國，日本與台灣斷交；1978年台灣與美國正式斷交。間諜片的類型很快就由呈現抗日戰爭正面戰場的抗日愛國片所取代。這個轉變的關鍵人物正是《揚子江風雲》的製片梅長齡。他在1972年轉任中央電影公司總經理，在1974年推出由丁善璽執導、柯俊雄主演的一代名將張自忠傳記電影《英烈千秋》。本片在拍攝期間獲得軍方大力支援，雖然製作經費不高，但是在戰爭場面的處理上效果極佳，也成功透過張自忠的故事「強調中國人的骨氣」[21]，「激發國人的愛國意識」[22]，正是在外交上面臨國家存亡關鍵時期的台灣所亟需的最佳政宣電影。本片上映後普受好評，也獲得第十二屆金馬獎（1975）「最佳發揚民族精神貢獻獎」，以及同年亞太影展最佳導演、最佳男主角、最佳編劇與最佳剪輯等四項大獎。梁良指出，「由於《英烈千秋》在社會效益

---

21 焦雄屏，《時代顯影：中西電影論述》（台北：遠流，1998），頁158。
22 黃仁，《電影與政治宣傳》（台北：萬象圖書，1994），頁147。

和經濟效益上的雙重成功,『中影公司』遂把抗戰電影作為『一年一度』的招牌巨製,陸續拍攝了《八百壯士》、《梅花》、《筧橋英烈傳》、《望春風》等片,都獲得相當的成功」(〈台灣攝製〉)。

在70年代這個抗日愛國電影的風潮中,李行拍攝了《吾土吾民》(1975)。但由於並非是中央電影公司出品,也不像《英烈千秋》、《八百壯士》(1975)、《筧橋英烈傳》(1977)或是《大湖英烈》(1981)等片歌詠知名的抗日民族英雄,如張自忠、謝晉元、高志航與羅福星,因此一般提到台灣1970年代抗日電影多半忽略這部由李行所執導的愛國電影佳作。《吾土吾民》改編自美國經典同名影片,將原來二次世界大戰德軍佔領法國期間,一個小鎮教師的故事,改為中國抗戰背景。《吾土吾民》是李行在他電影製作顛峰時期所完成的抗日愛國電影,不論在編劇、場面調度、演員表現以及電影音樂方面都有相當可觀之處,本片也獲得第十二屆金馬獎頒發「最佳劇情片」與「最佳編劇」(張永祥)二大獎項。雖然本片參與的主要工作人員從製片陳汝霖、導演李行、編劇張永祥、攝影指導賴成英,音樂左宏元,以及除了鄧光榮以外的主要演員(秦漢、林鳳嬌、曹健與崔福生)都是台灣班底,是一部道地的台灣電影,但是這部台灣抗日愛國電影其實卻是由香港馬氏電影公司製作出品。

《吾土吾民》究竟是香港電影還是台灣電影?這個問題並無正確答案,也沒有細究的必要。一如《揚子江風雲》是由香港導演李翰祥所執導,這部在台灣造成大轟動的國語間諜片要算是台

灣電影還是香港電影？而拍攝《大地兒女》的胡金銓50年代起在香港以演員起家，也在1964年完成《大醉俠》後，加入台灣的聯邦電影公司，在台灣拍出《龍門客棧》（1967）與《俠女》等多部膾炙人口的台灣經典電影，他算是香港導演還是台灣導演？同一段日本侵華歷史與抗戰經驗，香港與台灣因兩地不同的政治發展而在電影史上有相近卻又不同的影像呈現。重要的並非是劃清何者為香港電影，何者為台灣電影。兩地的電影差異值得研究，更值得研究的，是港台兩地在60與70年代電影密切的互動關係。由於過去電影學術研究針對港台這個時期的交流關注甚少，本文以愛國電影為主題嘗試以比較研究的觀點，描述港台60與70年代電影發展，希望拋磚引玉，能夠早日見到更廣泛而深入的港台電影比較研究。

參考書目

山田宏一、宇田川幸洋著，厲河、馬宋芝譯（1998），《胡金銓武俠電
　　影作法》。香港：正文社。

吳俊輝訪問（1994），〈辛奇訪談錄1：歷史、自我、戲劇、電影〉，
　　電影資料館口述電影史小組編，《台語片時代》，頁109-145。台
　　北：國家電影資料館。

李天鐸（1997），《台灣電影、社會與歷史》。台北：視覺傳播藝術學
　　會。

李道明（1996），〈新聞片與台灣〉，電影資料館本國電影史研究小組
　　著，《台影五十年》，頁98-108。台北：國家電影資料館。

汪朝光（2005），〈抗日戰爭歷史的影像記憶——以戰後中國電影為中
　　心〉，《學術研究》，6（2005），頁91-100。

徐叡美（2010），《戰後台灣電影中對日本的印象（1949-1972）：從
　　官方文化政策角度分析》，國立中正大學歷史研究所博士論文。嘉義
　　縣：國立中正大學。

張建德（Teo, Stephen）（1997），*Hong Kong: The Extra Dimensions.*
　　London: BFI.

張智華（2005），〈論抗日戰爭電影的主要特徵〉，《電影藝術》，5
　　（2005），頁10-13。

梁良，〈台灣攝製的抗日電影〉，《電影筆記》。網站，2005.08.22。
　　瀏覽日期：2009.06.02。http://movie.cca.gov.tw/Case/Content.asp?ID=
　　296&Year=2005。

梁良，〈香港抗日電影〉，《電影筆記》。網站，2005.08.23。瀏覽日期：2009.06.02。http://movie.cca.gov.tw/Case/Content.asp?Year=2005&ID=297。

郭靜寧編（2003），《香港影片大全第四卷（1953-1959）》。香港：電影資料館。

傅葆石（2011），〈回眸「花街」：上海「流亡影人」與戰後香港電影〉，《現代中文學刊》，10.1 (2011)，頁30-37。

焦雄屏（1998），《時代顯影：中西電影論述》。台北：遠流。

黃仁（1994a），《悲情台語片》。台北：萬象圖書。

黃仁（1994b），《電影與政治宣傳》。台北：萬象圖書。

黃仁（2005），《辛奇的傳奇》。台北：亞太圖書。

黃仁編著（1999），《胡金銓的世界》。台北：亞太圖書。

薛惠玲、吳俊輝整理（1994），〈台語片片目〉，電影資料館口述電影史小組編，《台語片時代》，頁309-384。台北：國家電影資料館。

第三章

香港僑生在台灣與香港二地的成就與貢獻

周慧如

一、緒論

　　1949年，中國天翻地覆，政府易幟。共產黨揮軍進入北京，建立中華人民共和國，國民黨的中華民國政府則退守台灣。隔著台灣海峽，國共之爭，由肉搏之戰，轉為人心之戰，爭取國際認同，也爭取海外僑心支持，以確立自己是傳承中國法統之政權，而珠江口外的香港，在英國政府殖民管轄下，因緣際會成為「紅色中國」與「自由中國」的緩衝地，也是兩岸人心之戰的前哨站。

　　中華民國的創建，得力於海外華僑甚多，政府播遷台灣後，有感於招收僑生返國讀書，既可鞏固華僑的向心力，亦可擴大在海外的政治影響力，而當時的香港，有許多國軍部屬與國民政府官員，以及不認同共黨理念的學者與逃難學生，暫居香港，以觀察時局。因此在1951年起，我國政府以香港為首辦地區，由僑務委員會與中華救助總會共同合作，開辦香港僑生返國升學，並在香港設立多所高中以下的中文學校，以銜接國內課程。根據僑委

會的統計，至2010學年度，已有89,105位海外僑生自台灣的大專院校畢業，包括32,010位港澳生，約佔35.9%，在僑生來源地中排名第一（表1）。港澳生完成學業後，無論是回到僑居地，或是留在台灣發展，都對台、港、澳三地的建設發揮了促進的作用，對台灣與香港在1970年代以後開始的經濟轉型，提供發展所需的人才。

進入21世紀後，資金、技術、商品製造都在全球化的影響下，在國際間跨域流動，優秀人力也被視為珍貴資源，為各方所爭取。亞洲新興國家為積蓄未來的成長動能，對人才爭奪尤為激烈，台灣、中國大陸、香港、澳門即通稱的兩岸四地皆同文同種，優秀學生對大學的選擇，已不限於國內，而趨向以區域為考量。近年來，中國大陸敞開雙臂，歡迎台、港、澳學生前往讀書，而港、澳大學也祭出高額獎學金等優惠留住本地生就讀，並吸引了台灣優秀學子捨棄在國內已錄取的知名學府，轉往就讀，兩岸四地之間的人才爭奪，早已由職場，向下延伸至大學校園。

相較於中國大陸與香港近十年來積極辦理海外招生，我國政府則限於財政困難，或因國內政治多元化發展，過於重視保障國內權利，對海外招生反不如以往積極，僑生畢業後，亦無積極攬才留才作為。這份研究計畫的目的是以個案研究方式，藉由深度訪談，呈現自1950年代以來，來台就讀的港澳生，在學業完成後，對台灣或僑居地，乃至大中華生活圈所做出貢獻。雖然政府在1951年辦理港澳生招生時，出發點是政治為重，爭取僑心，彰顯中華民國政府在台灣的法統與正當性，未料，一把種子撒下去

表1：1952-2010學年度全體僑生與港澳僑生自我國大專院校畢業人數表

單位：人

	全體僑生	港澳生	佔比例（%）
1952-1976學年度	25,954	9,542	36.8
1977-1981學年度	9,326	2,703	29.0
1982-1986學年度	11,667	4,078	35.0
1987-1991學年度	11,956	4,550	38.0
1992-1996學年度	8,685	3,295	37.9
1997-2001學年度	6,308	2,208	35.0
2002學年度	1,303	400	30.7
2003學年度	1,410	460	32.5
2004學年度	1,543	524	34.0
2005學年度	1,601	570	36.5
2006學年度	1,833	722	39.4
2007學年度	1,665	607	36.5
2008學年度	1,665	607	36.5
2009學年度	1,815	694	38.2
2010學年度	2,160	958	44.4
合計	89,105	32,010	35.9

資料來源：僑委會，2012年8月。

後，意外地在經濟、文化、醫療、社會等方面，都開出了許多美麗的花朵。

　　兩岸政府在2010年簽署經濟合作架構協議（Economic Cooperation Framework Agreement，簡稱 ECFA）後，政治對立氣氛走緩，我國政府確立以大陸市場做為台灣的發展腹地，欲意將台灣建設為亞太科技、金融、資本、華文等區域中心，然而面對國內

勞動力短缺的趨勢，政府如欲完成上述政策目標，必須引入高素質人力，而延攬港澳生來台就讀，與政府的亞太區域中心政策目標相符，政府應重視並繼續推動包括港澳生在內的僑生回國升學，並排除他們在台就業、居留的障礙，才能將人才留在台灣。

二、僑教背景及現況

（一）由「棄僑」進入「僑教」

重視僑民教育，是中國統治者進入近代後的重要覺醒。中國人向來重視「安土重遷」的傳統觀念，歷代王朝始終以上國自居，對人民移居他方，概稱為「蠻、蕃、夷、狄」，並視為拋棄祖宗廬墓的不孝行為，回國尚且要治罪，遑論對海外移民施以保僑護僑政策，自然亦無僑民教育，甚至可形容為「棄僑政策」。至清朝中葉，乾隆五年（1740）發生的紅河事件，即為一例。

1740年，在印尼巴達維亞（Batavia，雅加達舊稱），荷蘭人屠殺華人，以致河水染成紅色。荷蘭殖民政府擔心中國報復，乃派特使向中國道歉，乾隆皇帝竟答以「天朝棄民，不惜背祖宗廬墓，出洋謀利，朝廷概不聞問。」因此清廷不要求荷蘭人道歉，也不必賠償，華僑在海外可說是自生自滅，無人聞問[1]。

清朝對僑教態度的改變，起自光緒年間。清駐英公使薛福成

---

1 華僑革命史編纂委員會編，《華僑革命史（上）》（台北：正中書局，1986），頁91。

在光緒十九年（1893）有請《豁除舊禁招從僑民疏》，清廷下諭：「外洋僑民，聽其歸里，嚴禁族鄰訛索，胥吏侵援」，從此以後，才正式許可華僑回國。同一時期，國父孫中山先生在海外僑社宣揚革命理念與募款，鼓勵僑社設僑校，辦理僑報及書報社，以文化宣揚革命理念。清廷注意到孫中山在海外僑社的活動，在爭取人心的競爭心理下，對「海外棄民」的看法，遂有改變。

　　光緒三十年（1904），兩廣總督端方奉命考察歐洲憲政，他從歐洲返國時，途經南洋，受到僑商與僑校學生的列隊歡迎，深刻感受到海外僑民對祖國文化的孺慕之情，朝廷不應拋棄。端方返國後，總結考察成果，上書《請定國是以安大計折》，提出《歐美政治要義》，籲請朝廷盡速制定憲法，並建議設立新式學堂，招收南洋僑生回國升學。光緒三十二年（1906），端方調任兩江總督後，1906年底，在南京的薛家巷創立暨南學堂，招攬華僑子弟回國升學。這所新式學堂取名「暨南」，是出自《尚書·禹貢》篇：「東漸于海，西被于流沙，朔暨南，聲教訖于四海。」[2] 端方希望僑生返國受教育後，能將中華文化遠遠傳播到海外。暨南學堂即為台灣南投縣的國立暨南國際大學，以及位於大陸廣州市的暨南大學，兩校的前身，這是中國辦理僑生回國升學之始。

　　從民國初年，歷經北伐、抗日、國共內戰，雖然國內局勢不

---

2 郁漢良，《華僑教育發展史（上）》（台北：國立編譯館，2001），頁11、44-46。

靖，但因太平洋戰事爆發後，東南亞各國僑校大多停辦，因此返國升學，甚至投入抗戰行列的僑生不在少數，而政府對僑教也很重視，1914年教育部頒布第9號部令，公布《僑民子弟回國就學規程》，是為辦理僑生回國就學準則之發軔[3]。

政府在抗戰、內戰的多事之秋，先後明訂僑教主管機關、訂立僑生回國就讀辦法、成立僑生先修班、訂立分發與保送辦法等，家貧者並給予膳食貸金。1947 年《中華民國憲法》正式公布，第167條第2款明定對於「僑居國外國民之教育事業成績優良者」予以獎勵或補助，其涵義顯現對華僑教育的重視。教育部與僑委會會商訂定《回國升學僑生獎學金辦法》及《華僑學生優待辦法》等輔導僑生回國升學及從寬錄取的法規，通令在南洋增設考區或聯合辦理招生，以紓緩僑生返國報考的困難。自1942 年至1946 年底依前述法規回國升學的僑生共有14,685 名[4]。

（二）1949至1987年

兩岸自1949年起進入分裂分治的時代，中共在國際社會上打擊、孤立中華民國，不遺餘力。當時，分布在全球各地的華僑總數已達1,100餘萬人，中華民國政府焉能不爭取？另一方面，不認同中國共產黨理念、曾遭共產黨迫害的大陸難民大量湧進香港，使香港人口從1945年的65萬人，增加至1950年的223萬，至

---

3 張希哲，《中華民國的僑生教育》（台北：正中書局，1991），頁2-3。
4 郁漢良，《華僑教育發展史（上）》（台北：國立編譯館，2001），頁500。

1961年的317萬，人口激增，教育需求亦擴大[5]。

國民黨中央改造委員會於1950年發表「本黨現階段政治主張」，其中有關僑生之內容為：「解決僑胞子弟教育問題，應儘速採取合理的措施。」於是行政院在1951年的施政計畫，在僑務部分，訂有「鼓勵並輔導僑生回國升學」計畫，由僑務委員會依據《華僑學生申請保送來臺升學辦法》之規定實施，並在1951年開辦，首批60位僑生皆來自香港[6]。

香港在英國殖民統治下，教育採行菁英政策。在1911年將西醫書院升格為香港大學後，採全英語授課，辦學宗旨是認同英國的價值觀，至1963年才成立中文大學，當時香港大學的文憑在官方機構的晉用、敘薪、升遷，皆在中文大學之上。教育部僑教會委員郁漢良指出，「香港只有居民教育，而無國民教育，只有職業教育，而無人才教育，亦只有語文教育，而無文化教育。」[7]

海華基金會主任李志文說，在1960年，香港高中生升大學的比率是1.1%，即使在中文大學成立後，在1960年代中期，升大學比率也僅提升至1.8%。因為升學機會不多，香港僑民若要唸大學，傳統上，不是回中國大陸，就是去英國，但能負笈英倫者，究竟是少數。中華民國政府此時推動僑生回國升學，對青年學生幫助很大。

---

5 〈香港人口轉變〉，http://ihouse.hkedcity.net/~hm1203/settlement/pop-hk-change.htm；〈中國大陸遷入香港的人口研究〉，http://www.mianfeilunwen.com/Shehui/Renkou/22790.html。

6 夏誠華，〈一九四九年以來的中華民國僑生教育回顧〉，《教育人力與專業發展雙月刊》，第23卷第2期（台北：國家研究院，2006年4月），頁23。

7 郁漢良，《華僑教育發展史（下）》（台北：國立編譯館，2001），頁923-933。

在國際局勢方面，自大陸失守後，美國政府對蔣中正領導的政府，本打算抱持不聞不問的態度，任其自生自滅，但朝鮮半島在1950年6月至1953年7月爆發韓戰，美國政府基於亞太戰略考量，態度轉變，將中華民國視為在亞洲圍堵共黨勢力赤化的堡壘。

1953年12月8日，美國副總統尼克森（Richard M. Nixon）在東南亞行程中，來台訪問，參加私立東海大學的奠基典禮。尼克森當時還在堅決反共階段，他非常讚賞我國的僑生回國升學計畫。他認為，東南亞華僑眾多，在當地具有社會、經濟的影響力，如果令華僑子弟前往大陸接受「共產邪說」，對東南亞遺害至大，不如鼓勵其到中華民國接受教育，以遏阻共黨對東南亞滲透。尼克森返國後，建議美國政府援助我國，擴大僑生回國升學計畫，以充實學校設備，容納更多的僑生。

因此，亞洲基金會（The Asia Foundation）先捐贈回國僑生生活補助費六年，共計20萬美元。僑委會在美援經費下，自1954年起，成立「中美華僑教育委員會」，制定教育援助方案，擴大辦理海外僑生招生。從1954至1965年止，僑教美援計畫之主要用途及年限為：「一、增添學校建築至1960年停止，同時取消補助中等學校僑生的規定；二、增置學校設備，至1962年亦宣布停止；三、支付僑生旅費、生活費及課程活動費，補助至1965年止。」

至於撥款的對象分為兩個部門，其一為學校之教育設施費，如建築、設備、輔導活動、會議講習、翻譯印刷等，係經由教育

部轉撥至招收僑生之學校，自1954至1965年止，共接受新台幣3億1,811萬8,638元。國立台灣大學的體育館、工學院實驗室及各教室與僑生宿舍等，以及國立政治大學、省立中興大學、師範大學、成功大學等校之學生宿舍及圖書館、實驗室等均得自於美援經費，才能興繕[8]。

在美援即將結束前，政府覺得僑生回國升學仍有延續的必要性，僑委會在1962年訂定「海外回國升學大專院校優良僑生獎學金」，獎勵清寒優秀學生，給予旅費、生活費補助。

1965年，中國大陸的暨南大學與華南理工大學開辦，兩岸僑教單位在港澳競爭激烈，當年香港與澳門各有2,201、2,289位回大陸升學，後因中國大陸爆發文化大革命，動盪十餘年，中國知識份子受到迫害與摧殘。同一時期，台灣的文化、藝術、政治思潮相對蓬勃，名家輩出，也吸引不少青年學子來台就讀。1975年中南半島的越南、高棉、寮國，紛紛為共黨統治，政府為救助難僑子弟入學，在1976年訂立《教育部清寒僑生公費待遇核發要點》，1979年擴大補助至其他地區，包括港澳僑生一體適用[9]。

（三）1987年以後

我國政府在1987年宣布解除戒嚴，象徵反共復國時期的結

---

8 夏誠華，〈一九四九年以來的中華民國僑生教育回顧〉，《教育人力與專業發展雙月刊》，第23卷第2期（台北：國家研究院，2006年4月），頁23、27。

9 林志忠，《增加華裔學生來台就學之研究》，僑委會委託研究，2009，頁22。

束，1950年代以來招收僑生來台升學的政治目的已經消失。再加上，過去僑生來台升學多集中在台大、政大、成大等國立大學，在國內升學競爭激烈，大學錄取率平均僅有30%左右，政府是否應招收這麼多僑生名額，受到輿論的質疑。於是，為了回應國內民意，政府逐次修改或取消僑生的各項優惠辦法。在1990年，教育部與僑委會共同研擬完成「僑生（港澳生）回國升學優待改進方案」，據以修正《僑生回國就學及輔導辦法》，包括：升學優待以一次為限；僑生自行報考者按其成績加分25%；為了適度分散，避免集中在台大等少數學校熱門科系，自1991學年度起，調整分發公私立院系組僑生名額比率，並逐年降低核定招生名額的外加10%。

於此同時，中國大陸1980年代中期重新開放吸收僑生升學，轉趨積極。香港在1990年代以後，也加速成立大學，至2012年，已有八所由大學教育資助委員會撥付公帑資助的院校、八所財政自給的院校，以及公帑資助的香港演藝學院，共有十七所可頒授學位的高等教育院校[10]。澳門的大學則都在1981年以後設立，計有四所綜合性大學，以及六所高等教育學院[11]。

---

10 香港教育局（2012），大學教育資助委員會撥付公帑資助者為香港城市大學、浸會大學、嶺南大學、中文大學、教育學院、理工大學、科技大學、香港大學；八間財政自給者為公開大學、樹仁大學、珠海學院、恒生管理學院、東華學院、明愛專上學院、明德學院、香港高等科技教育學院。http://www.edb.gov.hk/index.aspx?nodeID=7001&langno=2。

11 澳門高等教育輔助辦公室（2012），綜合性大學包括澳門大學、科技大學、城市大學、聖若瑟大學，其他的高等教育機構包括澳門理工學院、旅遊學院、澳門保安部隊高等學校、鏡湖護理學院、澳門管理學院、中西創新學院。http://www.gaes.gov.mo/big5/contentframe.asp?content=./mc_u_link.html。

不過，港、澳情形略有不同。自1949年以後，國民黨或友我民間團體在香港設立的中學，計有五十餘所，皆採用國內教育部訂定的教材，可以銜接國內教育，但是香港政府在1990年後，將九年義務教育延伸至十二年，廣設中學，壓縮私校生存空間，許多屬於台灣僑校體系中學，漸漸退出市場。從此，由於中學使用的教材不同，香港的中學生若要報考台灣的大學，還要自行研讀台灣課本，因而降低投考意願。

再加上，香港經濟好轉，家庭子女數減少，家長有能力提供子女前往歐、美等地讀書，升學選擇較以往為多。台灣又因政治生態改變，在野陣營時有裁撤僑務委員會及教育部僑民教育委員會之說法，對輔導僑生來台升學之措施也有質疑，以為僑生佔用本土學生資源等，對返國華僑亦有不歡迎的言行，以致影響傳統僑社對台灣的支持，使得僑生來台升學人數減少[12]。

澳門部分，在1980年以前，澳門沒有大專院校，香港雖近，但窄門難進，中學生若要繼續升學，唯有出國，而台灣的大學師資與設備都有一定水準，生活消費不致太貴，傳統上，有三成澳門僑生會來台升學。在2002年後，澳門僑生來台人數顯著超越香港僑生（表2）。最重要的是澳門政府承認台灣各大學的學歷，澳門僑生畢業後返鄉，亦可在政府機構中做事，因此澳門政府中，有許多留台校友，形成一大特色[13]。

---

12 夏誠華，〈一九四九年以來的中華民國僑生教育回顧〉，《教育人力與專業發展雙月刊》，第23卷第2期（台北：國家研究院，2006年4月），頁32。

13 陳淑美，〈回歸之後 2000 台澳風雲〉，《台灣光華雜誌》，2000年1月6日，頁6。

表2：1997-2011學年度港澳生在台各級學校分發入學人數

單位：人

僑居地區		合計	公私立大學	國防醫學院	僑生先修部	其他
1997學年度	港澳生	1,029	331	3	680	15
	香港	497	78	-	412	7
	澳門	532	253	3	266	8
1998學年度	港澳生	1,003	330	4	640	29
	香港	461	65	1	393	2
	澳門	542	265	3	247	27
1999學年度	港澳生	1,426	637	-	748	41
	香港	522	194	-	319	9
	澳門	904	443	-	429	32
2000學年度	港澳生	1,049	743	-	297	9
	香港	482	277	-	202	3
	澳門	567	466	-	95	6
2001學年度	港澳生	1,111	807	-	300	4
	香港	456	303	-	153	-
	澳門	655	504	-	147	4
2002學年度	港澳生	1,342	982	5	354	1
	香港	517	307	-	210	-
	澳門	825	675	5	144	1
2003學年度	港澳生	1,724	1,105	4	615	-
	香港	612	306	-	306	-
	澳門	1,112	799	4	309	-
2004學年度	港澳生	1,747	1,130	5	612	-
	香港	500	264	-	236	-
	澳門	1,247	866	5	376	-
2005學年度	港澳生	1,702	1,067	7	627	1
	香港	382	201	-	180	1
	澳門	1,320	866	7	447	-
2006學年度	港澳生	1,898	1,273	1	624	-
	香港	619	249	1	369	-
	澳門	1,279	1,024		255	-

2007 學年度	港澳生	2,599	1,705	1	893	-
	香港	745	273	-	472	-
	澳門	1,854	1,432	1	421	-
2008 學年度	港澳生	3,251	2,027	1	1,218	5
	香港	1,131	424	-	703	4
	澳門	2,120	1,603	1	515	1
2009 學年度	港澳生	4,223	2,670	2	1,550	1
	香港	1,550	654	1	894	1
	澳門	2,673	2,016	1	656	-
2010 學年度	港澳生	3,616	2,827	4	781	4
	香港	1,482	857	1	620	4
	澳門	2,134	1,970	3	161	-
2011 學年度	港澳生	3,222	3,074	4	142	2
	香港	1,079	995	1	81	2
	澳門	2,143	2,079	3	61	-

資料來源：僑委會統計處，2012年8月。

註：「其他」是指高中、技職學院，僑生先修部的部分人數在隔年會加入公私立大學分發人數，部分人數有重複計算的可能。

　　香港政府對台灣高等教育學歷的承認，則待國台辦於2006年4月15日的「國共論壇」中宣布對台有利的十五項措施，其中包括一項「承認台灣高等教育學歷」後[14]，香港特區政府也宣布跟進。由僑委會的統計數字來觀察，香港特區政府的決定，有助於香港僑生來台（表2）。另依畢業人數來看，自1997至2010年止，香港僑生畢業人數為2,747，澳門僑生達到5,095，幾乎是一倍（表3）。

---

14 於慧堅、王銘義，〈中共宣布十五措施　陸委會促協商　國台辦：辦實事〉，《中國時報》，2006年4月16日。

表3：1997-2010學年度港澳僑生畢業人數

單位：人

	港澳生合計	香港	澳門
1997學年度	498	264	234
1998學年度	485	255	230
1999學年度	407	231	176
2000學年度	461	267	194
2001學年度	357	161	196
2002學年度	400	147	253
2003學年度	460	188	272
2004學年度	524	200	324
2005學年度	570	183	387
2006學年度	722	204	518
2007學年度	699	185	514
2008學年度	607	136	471
2009學年度	694	148	546
2010學年度	958	178	780

資料來源：僑委會，2012年8月。

（四）港澳生資格的認定

　　教育部在1950年公布《僑生投考台省專科以上學校優待辦法》，僑生係指在國外出生或僑居國外三年以上的海外華裔學生，港澳生比照辦理。爾後，僑生在僑居地居住時間，隨著國內政治環境的變化，一度改為五年、十年、八年，目的是提高返國就讀門檻，縮小適用範圍。但是，後來又在2009年修正《僑生回

國就學及輔導辦法》，降至六年，凡在僑居地連續居留迄今，或最近連續居留六年以上，並取得僑居地永久居留證件，皆可申請回國就讀。不過，申請回國就讀大學醫學系、牙醫系、中醫學系者，申請門檻較高，必須在僑居地連續居留八年以上，《香港澳門居民來台就學辦法》亦比照修正。

至於入學的方式，早期港澳生來台就讀有免試的保送制，以及考選制，國內大專院校得認其成績，作為審查分發的標準。後來在香港舉辦的入學考試，由我國暨南大學的海外聯招會委託珠海書院執行，至2004年，珠海書院因忙於籌辦升格為學院，難以兼顧，以致香港僑生報考來台人數更形減少，在2005年分發人數僅382人。

我國在香港負責文教的單位海華服務基金，為了挽救港生來台下滑趨勢，決定承擔辦理招生業務，自2006年起，採取多項變革。首先，向國內爭取到在香港舉行的學科測驗，以香港中學教材為出題範圍，考生不必再另讀一套台灣課本。2009年以後，港澳生來台除維持學科測驗，依測驗成績，逕行分發；另新增申請入學，聯合分發，採計港澳生高中三年成績，透過保薦單位或相關機構申請，再統籌由海外聯招會分發。這些改變立刻在2008年反映出來，香港僑生分發人數1,131，而澳門則突破2,000人。近年來，國內大學在少子化壓力下，開始努力對港澳宣傳，增闢學生來源，因此組團至香港參加大學博覽會、招生說明會等，經由一連串努力，港澳生來台人數在近三年有明顯增加趨勢。

自2012年起，台灣在香港的招生，全面實施免試，申請即可

來台升學。申請者於聯合分發管道得選填七十個校系志願，並以香港中學文憑考試、香港高級程度會考及香港中學會考等，三擇一方式採計成績申請來台升學，並新增「個人申請制」管道（由各校系審查應繳資料，限選填三個志願，通過者按志願及招生名額分發）供學生申請，兩種入學管道可一次報名完成。僑生亦可選擇直接分發台師大僑先部，修讀一年後，再以其結業成績分發各大學。2012年就有3,860位報名申請返國就讀，創下六十年來最高人數。

　　但是在澳門方面，因為至今仍有50%的中學採用國內課本，因此澳門學生來台，仍維持學科測驗，學生亦可選擇「申請入學，聯合分發」。在2012年，再新增個人申請制的方式入學。

（五）港澳生留台工作

　　香港居民若是在1997年7月1日香港主權移交中國以前、澳門居民在1999年12月20日澳門主權移交中國前，取得華僑身分證、中華民國地區居留證者，留台工作，相對容易。雇主可依《取得華僑身分香港澳門居民聘僱及管理辦法》，向勞委會申請許可，不受《就業服務法》規定的限制，而且港澳生受聘時間最長為三年，期滿後，如有必要，可申請展延，展延一次以一年為限[15]。

　　如果港澳生沒有華僑身分證，僅依《入出國及移民法》規

---

15 林志忠，《增加華裔學生來台就學之研究》，僑委會委託研究，2009，頁43。

定，經教育部核准回國的僑生（就學期間持中華民國護照入國），得申請在台灣地區居留，但不能申請定居。依《香港澳門條例》，香港澳門居民受聘僱於台灣工作，準用《就業服務法》中有關外國人聘僱、管理、處罰之規定。在台學業完成後，須返回僑居地工作兩年，才能再依《入出國及移民法施行細則》，備妥文件向駐港、澳代表處申請來台工作，在台居留滿一定期限，可申請在台定居，取得國民身分證，視同國人得以在台工作[16]。不過關於返回僑居地工作兩年的規定，已在2012年7月取消，以延攬僑生在台工作。

依據僑委會在2010年的委託研究，在有效樣本1,561份的在台就學僑生問卷調查中，83%的僑生都願意在畢業後，留在台灣工作；不願意者只有17%。在考慮畢業後留在台灣就業的前五名僑生為馬來西亞、香港、澳門、印尼、緬甸（表4）。願意留在台灣的僑生其三大原因為「從工作獲取學習經驗」、「喜歡台灣的環境」、「具有發揮專業的空間」，但是談到與居留和工作相關的規定，多數表示希望不是比照《外國人就業服務法》辦理，而是另為僑生訂定專法，讓他們在台灣的居留更方便辦理，工作簽證有效時間應允許依工作契約時間，或可延長至五年[17]。

---

16 吳志揚，《提升僑生人才留台服務之策略性研究》，僑委會委託研究，2010，頁22。

17 吳志揚，《提升僑生人才留台服務之策略性研究》，僑委會委託研究，2010，頁103-112。

表4：考慮畢業後留在台灣就業或發展的僑居地分布

僑居地	厄瓜多爾	日本	吉打	汶萊	貝里斯	阿根廷
人數	1	1	1	1	1	1
僑居地	哥倫比亞	棉蘭	菲律賓	新加坡	巴拉圭	越南
人數	1	1	1	2	3	3
僑居地	南非	泰國	加拿大	美國	韓國	緬甸
人數	4	6	7	7	10	73
僑居地	印尼	澳門	香港	馬來西亞		
人數	125	169	180	689		

資料來源：僑委會，《提升僑生人才留台服務之策略性研究》委託研究，主持人吳志揚。

（六）兵役問題

是否需要在台灣服兵役，在港澳生畢業思考應否去留時，是很重要的問題。依《兵役法》，19歲至40歲的男子，為役齡男子，包括香港、澳門來台的役男。依據《香港澳門居民來台就學辦法》，未曾在台灣地區設有戶籍的香港、澳門居民，無兵役問題，自初設戶籍登記之翌日起，於屆滿一年後，依法服役。惟屆滿一年時仍在學者，在學期間得申請緩徵；畢業或離校後，即應依法辦理徵兵。

過去，依《歸化我國國籍及歸國僑民服役辦法》，僑民役男返國居留屆滿一年，或者是居留逾四個月達三次，始予辦理徵兵事宜，條件較為寬鬆，因此有部分役男可以藉上述規定時間內，出境再入境，以規避徵兵，受到國內批評。後來內政部在2002年修正該項辦法為：（一）連續居住滿一年；（二）中華民國73年

次（1984）以前出生之役齡男子，以居住逾四個月達三次者為準；（三）中華民國74年次（1985）以後出生之役齡男子，以曾有二年，每年累積居住逾一百八十三天為準。

因此港澳役男畢業或離校後，若準備在台工作，則適用國內一般役男規定，必須服兵役，但是現在多一種選擇，可依「專長甄選」等方式，服替代役。不過，中華民國政府已決定逐步實施募兵制，趨勢顯示，在未來數年內，役男規定會有進一步的鬆綁。

三、港澳生個案研究

自1951年以來，在台灣完成大專以上高等教育，畢業的港澳生已有32,000餘人，佔整體僑生畢業總數的三分之一。他們或是留台工作，或是回港，乃至到美國、東南亞，或是以兩岸三地做為事業經營的版圖，都有卓越貢獻，對台商擴展海外人脈與市場，對台灣參與區域經濟整合，港澳生都是最佳助力，僅列舉代表性者如下：

表5：港澳生研究個案代表

姓名	現職	僑居地	現居地
劉炯朗	中央研究院 院士	澳門	台灣
林百里	廣達集團 董事長	香港	台灣
鄧世雄	天主教耕莘醫院 院長	香港	台灣
邱立本	《亞洲週刊》總編輯	香港	香港

資料來源：本文整理。

（一）劉炯朗

中央研究院院士劉炯朗，在1998至2002年之間，擔任國立清華大學校長，在台灣首開大學向企業募款風氣，充實清大的軟硬體建設，並為清大成立科技管理學院，使清大成為更完整的綜合性大學，向國際性大學前進。他深信，從教育的觀點，人性本善，即使學生有過錯，也永遠都不放棄。他對學生的寬容，被視為教育家的典範。

劉炯朗生於1934年，原籍廣東，幼年因避戰亂，隨母避居澳門，父親任職於中華民國空軍，在抗戰勝利後，先一步隨政府搬遷來台。劉炯朗則在澳門完成中學學業後，於1952年來台依親，考入台南工學院（成功大學前身）電機系就讀。

因此，劉炯朗與一般僑生很不同的是，他當過兵，官拜陸軍少尉預官。他解釋說明，他是從澳門來台依附父親，在國內以台灣學生身分參加大學考試，並非在港澳參加海外聯招，所以於法上，他並沒有僑生的身分，雖然在事實上，他確實是個不折不扣的僑生。

服役後，他獲得母校李氏獎學金的贊助，赴美國麻省理工學院進修，順利取得電腦碩士、博士。之後曾在麻省理工學院、伊利諾等大學執教，並擔任伊利諾大學香檳校區助理副校長，在美國住了四十年。1988年，應清大邀請，返國任職。當時《國籍法》規定，公立大學校長不得具有雙重國籍，劉炯朗就放棄美國籍。

他談起這個決定，輕鬆而自得，「既然要做這件事（清大校長），規定是怎麼做，就怎麼做，一點都不困難。」這種豁達的態度，感動了另一位中研院院士李德財返國服務。李德財曾說，劉炯朗放棄美籍返台擔任清大校長，是促使他返台服務的原因之一。[18]

劉炯朗接任清大校長的第五週，清大校園發生女研究生洪曉慧殺害情敵同學許嘉真案件，舉國嘩然。警方迅速破案，劉炯朗則在校內進行行政調查，安定師生情緒，並向受害學生許家父母道歉。事後，洪曉慧被判處十八年有期徒刑，1999年入獄服刑，至2008年申請假釋出獄。劉炯朗在這段期間，仍時時探望許家父母，與許家父母成了朋友。同時，他寫信鼓勵洪曉慧改過再生，即使一度因洪女移監而失去聯絡，他仍通過教會的幫忙，尋找洪曉慧服刑處所。劉炯朗在2002年卸任校長前夕，揹了十本勵志書籍，南下探望洪曉慧，告訴她，校長並沒有忘記她，在他的心裡，一直惦記著「這兩位沒有畢業的學生」。在洪曉慧假釋出獄後，他已不願再多談當年這件轟動國內的校園情殺事件，以免干擾洪曉慧的生活。

在1990年代後半期，政府因財政困難，要求國立大學自籌部分經費，劉炯朗首開風氣，向國內企業界募款，從台積電、旺宏、台達電、威盛、凌陽、合勤、台灣應用等募得大筆捐款，許多捐款都是仰望他的個人聲望促成。例如台達電董事長鄭崇華對

---

18 郭怡君，〈品質第一李德財自我要求高〉，《自由時報》，2004年7月15日。
http://www.libertytimes.com.tw/2004/new/jul/15/today-life6.htm。

清大捐贈100萬股的台達電股票（當時市值約新台幣 1 億元），成立孫運璿講座。鄭崇華在成大讀書時，就常聽到師長誇讚劉炯朗的學業與人品俱優，希望學弟妹要以劉為榜樣。因此，聽到老學長要為清大募款，鄭崇華就毫不猶豫地慷慨解囊。

劉炯朗對清大建樹頗多，為清大成立科技管理學院與創新育成中心，成為新創事業的搖籃。與中研院、外交部合作，開設國際研究生學程，迄今仍在執行。在校際合作方面，劉炯朗促成交通大學、中央大學、陽明大學組成台灣聯合大學系統，四校相互開放教學、圖書與研究設備，讓國家的資源獲得更有效的運用。在兩岸間，清大也是台灣第一個與北大、復旦、蘇州、蘭州大學等進行學生交流的學校，交流的深度與廣度亦不斷在擴大。

劉炯朗的學術成就也很受推崇，他所撰寫的離散數學教科書 *Elements of Discrete Mathematics*，已有七種語言版本，為世界著名大學所採用。他先後當選美國電子電機工程師學會院士、美國計算機協會（ACM）傑出會員。2002年卸下校長一職後，繼續在清大、成大、台大、中大，以及香港理工、城市與中文等大學擔任訪問學者、榮譽講座教授。

他長期投身電子設計自動化（Electronic Design Automation, EDA）技術研究，在2011年，獲得EDA界一致推崇，成為當年度「菲爾卡夫曼獎」得主。「菲爾卡夫曼獎」，每年只有一位得主，有「EDA界的諾貝爾獎」之譽。電子電機工程師學會的電子設計自動化學會主席安德烈亞斯‧庫門稱讚劉炯朗在專業領域的貢獻，已被廣泛應用在各種不同的工具上，對市場產生很大影

響，獲獎實至名歸[19]。

　　劉炯朗在2003年起，由學術界走入實務界，擔任集邦科技（TrendForce）股份有限公司董事長。集邦是一家提供市場深度分析情報與諮詢服務的產業研究機構。最令人驚訝的表現是，他自2005年起，在廣播電台「IC之音」每週三晨間開設一個「我愛談天你愛笑」單元。他在節目裡以輕鬆幽默的口吻，談天說地，展現豐富的才華，帶領聽眾進入天文、地理、藝術、人文、科技等領域。半小時的節目，他依然像做學問般嚴謹，要花三天的時間準備，一字一句將講稿寫下來，等於是為聽眾打開一條通往知識的捷徑。如此用心，獲致很大的回響，擁有龐大粉絲團。

　　他在廣播節目的談話內容，亦在出版社的盛情邀情下，結集出書，出版多本科普與散文集，例如《20不惑》、《一次看懂自然科學》、《一次看懂社會科學》，與各界分享他對知識的探求與人文藝術的欣賞，並鼓勵青年學子勤於讀書，以吸收前人智慧，因為情真意摯，屢屢進入暢銷書排行榜，並在中國大陸發行簡體版，使得他在學者、教育家、企業家的身分之外，也成為兩岸暢銷作家，在台灣與華人世界發揮更廣大的影響力。

（二）林百里

　　林百里在1966年夏天，與家人相辭於香港太古碼頭，登上安

---

19 蔡育如，〈清大前校長劉炯朗　獲菲爾卡夫曼獎〉，《聯合報》，2011年9月20日。
　　http://mag.udn.com/mag/campus/storypage.jsp?f_ART_ID=343353。

慶輪，前往台灣求學。當時，誰也沒料到，這位戴著黑框眼鏡，弱不禁風的年輕人，日後在台灣開創全球第一大的筆記型電腦研發設計製造公司，2011年的總營收達到1.08兆，是中華民國政府歲入總預算1.63兆的66%。依據《富比士》雜誌所做的台灣富豪2012年排行榜，他以42億美元的資產，名列第五[20]。在台灣，林百里，家喻戶曉，是成功的香港僑生代表人物。

林百里生於1949年，從小，他的父親就告訴他：「我們的國旗、國歌及國父精神都在台灣。」因此，雖然他在香港的中學會考失利，但是參加台灣在香港舉辦的聯招，高中台大電機系，因此來到台灣，相繼完成大學、碩士學業，成家立業。林百里在台灣居住的時間，遠超過在香港，因此他說「我早就是台灣人了。」

林百里在1988年創業成立廣達，致力於筆記型電腦的開發，他最自豪的是自己擁有「創新與實作」的能力，絕不重複別人做過的東西。他帶領廣達積極創新，擴大事業版圖，在1999年成為全球第一大筆記型電腦製造商與供應商，幾乎全球在每四台筆電中，就有一台是出自廣達。他以台灣做為營運總部，在5,000位員工中，過半是研發及工程人員，以台灣為核心，整合中國大陸、美洲、歐洲和亞洲製造基地，全球員工逾七萬人，真正做到「深耕台灣、布局全球」。

林百里經營企業的成就，贏得國內外媒體與社會高度肯定。

---

20 陳曼儂，〈富比士2012年台灣富豪排行榜〉，《旺報》，2012年5月25日。
　　http://money.chinatimes.com/news/news-content.aspx?id=20120525000989&cid=1206。

例如廣達集團在2009年獲得美國《商業周刊》（*Business Week*）全球資訊業百大第7名、2010年榮登《財富》（*Fortune*）雜誌「世界最受推崇企業」第12名、同年入選《財富》雜誌年度「世界著名品牌五百強」。繼筆記型電腦之後，廣達集團也將觸角延伸到企業網路系統、家庭娛樂產品、行動通訊產品、車用電子產品及數位家庭產品等市場，近年來更以雲端運算（Cloud Computing）作為新事業發展的主軸，重塑商業模式，並積極在相關領域進行資源整合與佈局。

但是，與成功伴隨而至的，卻是健康受到摧殘，外界盛傳他得了肺腺癌，廣達一直未予證實。直到2005年，林百里在肺腺癌治癒後，在媒體訪問中表示，病癒後的心得之一，是要為公眾做更多的事情，而教育，是一大重點。他像傳教士一樣，到大學演講，宣揚自己的理念，鼓勵學生重視創新，要敢於有所不同；他對大、中、小學校長演講，說明現在是處於「創新破壞」的階段，科技改變了消費行為與商業模式，再不發展雲端產業與創新學習，他擔心台灣會被永遠的邊緣化。

他及廣達集團主要贊助四個基金會，各司其職，在不同的教育階段，陪著孩子長大。廣達文教基金會負責辦理對國小學生的藝術啟蒙活動，特別著重偏遠地區。他認為，藝術人文的欣賞能力要從小扎根，「如果政府做不到，我願意為下一代多做。」

敦安社福基金會專注於中學生，帶領他們探索群我關係、實踐社會關懷、並開闊國際視野。時代基金會則關注大學層面，辦理講習與創業競賽，引導大學生激發創意，重視創新，讓他們在

活動中學習如何創業。

　　林百里近年來成立的博理基金會，是希望找出雲端運用的方案，將知識轉化為數位內容，為國內走到死胡同的教育制度建立新的學習模式。未來，結合線上影音、數位儲存與雲端技術的運用，學生未必要在課堂內接受制度化學習，因為學習可以在任何時點進行，「學習成為一場流動的盛宴」。他認為，這種活潑的方式，可以改變教育體制僵化，在國外已有成功前例。

　　廣達注重研發與創新，而研發需要人才，產業界迫切的需求，反映國內人才不足的問題。林百里說，台灣人才荒的問題，真的很嚴重，而解決的辦法，就是開放，台灣要招攬國際人才，僑生就是很好的來源。

　　他說，在2000年時（民進黨執政），台灣對僑務的推動，開始區分「老僑」與「新僑」，這令很多海外僑胞很傷心，轉向支持中國大陸，香港僑生有一陣子來得很少，實在很可惜，「可是僑生在這裡做很多好事啊！」

　　「IT（資訊）產業是沒有國界的，韓國三星有一半員工是外籍，如果我們不讓人才進來，產業迫於無奈，要把研發功能搬到國外去，這樣會好嗎？」林百里問道，「台灣沒有理由封閉自己，如果是為了選票，但選票是一時的，唯有飯票才是永久的，這也才是民眾要的，維持開放，歡迎外籍生來台唸書，國際人才來台工作，才能厚植台灣競爭力。」

（三）鄧世雄

天主教耕莘醫院院長鄧世雄會來台灣，起因於對同學的情義相挺。逾四十年來，他在台灣終身致力於偏遠、弱勢醫療，他對失智老人的照顧，喚醒台灣社會對老人醫學的重視，做得比台灣人還多。

鄧世雄在1968年參加高中會考，原已錄取香港中文大學數學系。但是在落榜好友的慫恿下，他陪著同學一起參加台灣的聯招，沒想到放榜後竟獲台灣大學醫學系錄取。鄧世雄說，「從來沒想過做醫生，但是在香港，做醫生受人尊敬，再加上台灣消費不算很貴，老師鼓勵我去，家裡也同意。」

鄧世雄從小就讀天主教學校，初到台灣時，人生地不熟，宗教的信仰，讓他在心靈上獲得很大安定力量，他與醫學院同學組成「康寧基督生活團」，分享生活，體驗生命，團員們立下誓言，「在醫療工作上以愛服務他人。」

1975年畢業後，鄧世雄先留在台大醫院專攻放射科，四年後，獲邀至天主教耕莘醫院擔任放射科主任。他沒有忘記年輕時的誓言，與「康寧基督生活團」的朋友們，利用晚上業餘的時間，開設近乎義診的康泰小診所，鎖定當時不受人重視的精神科、兒童心理科、復健科等，全年無休，風雨無阻。在1983年，鄧世雄集合眾人之力，將康泰小診所擴大為「財團法人天主教康泰醫療基金會」，專注在糖尿病童照護、乳癌防治、臨終關懷、老人失智服務等，當時，這些領域尚未受到政府與醫療體系的重

視。他的想法，就是彌補醫療體系的不足，一旦政府與社會的腳步追上來，康泰就轉向新目標，去撿別人不做的事來做。

鄧世雄的人生，原本可以有別的選擇。1986年，耕莘醫院安排鄧世雄至美國加州大學洛杉磯分校（UCLA）研修骨骼放射診斷，他在一年內發表了三篇論文，獲得醫學權威刊物刊登，令UCLA醫學院非常激賞，決定聘他擔任助理教授，史無前例，令同期的外籍醫師與研究員很羨慕。但是他放不下對耕莘的反哺責任，一年之後，如期履約回台。UCLA的研究環境雖好，但是他認為，在台灣他可以做更多有意義的事，斯土斯民，這裡才是他奉獻之處。

1990年代開始，台灣進入高齡化社會，鄧世雄在耕莘醫院永和分院副院長任內，決定發展老人醫療照護服務。那時，耕莘醫院內部有人以獲利性質疑「這是個冷門、不賺錢的業務」，但是他說服眾人，老人醫療照護的需求是未來趨勢，耕莘醫院應該先做準備。於是耕莘永和分院開辦全台第一個護理之家，做出成績後，許多地方政府的公辦民營養護機構，也委託他們經營，逐漸由此建立起台灣的老人照護醫療體系。

在鄧世雄的奔走下，耕莘醫院在1998年發起成立「財團法人天主教失智老人社會福利基金會」，附設「聖若瑟失智老人養護中心」。他們發動一系列公益廣告「認識他、找到他、關懷他、照顧他」，喚醒社會大眾了解老人失智的問題，不要視失智老人為恥，並重視給予失智老人應享有尊嚴與妥善照顧。近年來，耕莘醫院的老人照護受到國際肯定，香港、大陸等城市都有醫院來

台交流、出席研討會、觀摩學習。鄧世雄也常應邀至大陸各城市，協助規劃照護機構與制度的建立。他很欣慰，已為兩岸四地的老人照護醫學建立良好交流的平台。

回首來時路，鄧世雄說，他無法想像，當初如果留在香港唸數學系，後來會是什麼樣的人生？天主為他安排另一條路，讓他到台灣來，在信仰中得到安定；在醫療工作中，對別人有貢獻，「在別人需要的時候，我看見自己的責任。」

20歲時，他立誓「以愛服務他人」。四十多年來，每一天，他都無愧於自己的誓言。

（四）邱立本

《亞洲週刊》總編輯邱立本坐在柴灣辦公室裡，一開口，「國語」說得字正腔圓，沒有廣東人的口音，令人懷疑他是來自大陸的新移民。他哂然一笑說，「因為我受的是中華民國的教育。」

邱立本，1950年生於香港，唸高中時，時常窩在旺角奶路臣街（Nelson Street）的書店，在昏暗的燈光下，抱著懷裡的書，進入思想領域的探索，飽覽台灣的《自由中國》半月刊、《文星雜誌》、《文星叢刊》等，無論是李敖、胡秋原掀起的中西文化大論戰，或是徐復觀、徐道麟等所談論的中國文化、哲學、法制，都令他傾心不已。余光中的《左手的繆思》、白先勇的《謫仙記》、羅門的詩集，滋養青少年的心靈，對他產生很大的磁吸

作用，「在高中畢業的前兩年，我對台灣就進入充滿想像的季節，台灣是我的文化上的麥加。」

1967年秋季，邱立本終於登上三千多噸的安慶輪，踏上朝聖之路。未料，原本三十六小時的航程，在半途遇到颱風，驚濤駭浪，安慶輪不得已繞到汕頭水域避風浪，花了一百多小時才抵達基隆港，家裡人一度以為他遭遇不測。

邱立本在政治大學唸的是經濟系，但是有機會聆聽文史、哲學、法政大師的講課，他都不會放過，新聞系、外交系、西語系的課都修，甚至跨越校際，向台大哲學系教授殷海光請益，在殷海光的溫州街故居，度過許多快樂時光。

1970至1971年，國內發起保釣運動。香港僑生來自英國殖民地，對維護國家主權的完整，尤為關切，他們慷慨激昂，不懼白色恐怖，在學生保釣活動中，常常跑在最前面，包括邱立本、鄭樹森、卓伯棠、張為德、黃啟光、黃立人、黃志遠等，都是大三、大四的香港僑生。

1971年，邱立本政大畢業後，在赴美之前，他在文化思想性雜誌《大學雜誌》擔任執行編輯，總編輯是台大心理系教授楊國樞，當時，政治氣氛顯示，蔣介石接班人的蔣經國，即將出任行政院長。10月號的《大學雜誌》第46期發表〈國是諍言〉，由楊國樞等十五人聯合署名發表，分別從人權、經濟、司法、立法、監察等方面，對國體、政體、法統等問題深入探討，其中要求改革萬年國會，進行中央民代全面改選的言論，最為敏感，有人形容當期的雜誌一推出就「洛陽紙貴」，那一期的編務即由邱立本

負責。雖然國會遲至1992年才全面改選，但思想啟迪的工作原本就需要時間催熟，在這個過程中，邱立本參與其中。

　　邱立本在1973年赴美國紐約市新學院，攻讀經濟學碩士，往後在旅美期間，在不同的媒體，擔任記者、編輯、副總編輯和主筆，至1990年，應《亞洲週刊》之邀，返港擔任主筆，在1993年出任總編輯。

　　去國多年，再回到香港，兩岸之間「漢賊不兩立」的對立氣氛已經走緩，台灣已開放人民交流，而香港啟德機場每天都有許多航班進入大陸主要城市，這個全新的局面，令邱立本激動莫名，對中國的未來也更期待。《亞洲週刊》在這樣的環境，應運而生，在香港發行，銷往台灣、大馬、新加坡、日本、北美等地，報導不同背景華人的故事，分享彼此關切的議題，成為第一本跨域報導的中文國際性刊物。邱立本說，縱使讀者口袋裡的護照不同，但是他希望，藉由閱讀《亞洲週刊》，大家都擁有一本共同的「中華文化護照」。

　　邱立本筆耕不輟，多年在美國、馬來西亞、上海、深圳的媒體都有專欄，在鳳凰網、天涯、搜狐、網易、新浪等網站都有部落格，談古論今，與讀者互動。他以新聞記者的敏銳觀察力，評論華人世界的政經轉型，他不吝惜讚揚台灣的民主成就，也鼓勵北京在「硬實力」受到舉世肯定後，應致力讓「軟實力」迎頭趕上，實施民主，保障公民權益與尊嚴，才能贏得人心歸屬。在2006、2008年，他被中國網民選為「中國100位公共知識份子」之一。

而這位對中國發揮影響力的公共知識份子說，青年時在台灣的六年，是很重要的思想啟蒙，學到「中國主體性的經驗」，帶給他寬闊的中華民族視野，這絕對是英國殖民地教育所無法提供的，讓他日後在新聞工作上，面對全球華人，思考中華民族的未來時，幫助甚大，也期望兩岸三地都能朝向建立更美好幸福的未來而努力。

四、結論

　　自1951年開辦僑生回國升學迄今，中華民國政府培育了近九萬名僑居地青年完成大學教育，在過去僑居地大專院校不足的情況下，我國的僑教措施確實回應了僑胞子弟的升學需求。僑生返回僑居地後，也成為我國當地的友好力量，特別是在缺乏正式邦交的地區，留台畢業生的資源，是我國政府與民間的重要助力。

　　僑生留台工作或創業成功的案例頗多，本研究僅能舉出少數個案。除了熟知的廣達集團董事長林百里、副董事長梁次震外，宏達電執行長周永明來自緬甸，而群聯電子是馬來西亞僑生潘健成與澳門僑生伍漢維及台灣本地生組成的創業故事，他們一棒接一棒，一步步推進台灣電子、資訊產業的發展。

　　在社會人文領域，僑生也有很傑出的表現，例如歌手周華健（香港）、導演蔡明亮（馬來西亞）、出版業郝明義（韓國）、作家鍾怡雯（馬來西亞）等，他們的作品豐富了我們的心靈，是華人世界共有的資產。另如本研究所示，台灣的老人照護先驅是

醫師鄧世雄；而林百里除了為台灣賺進外匯，創造就業機會外，長年來對小學的藝術教育多所關注。「僑生」雖然不是生於台灣這塊土地，但是對台灣的貢獻，已超越很多台灣人。

本研究雖以港澳僑生為研究主題，探討的其實是我國僑教政策在各個僑居地所面臨的共同挑戰。中國大陸實施改革開放後，在1980年代恢復辦理僑生返國就讀，隨著中國政經勢力的崛起，吸引愈來愈多的港澳生跨域就讀，而香港與澳門在廣設大學後，來台就讀已非唯一選項，均使我國的招生計畫顯得相對弱勢。

為扭轉此一劣勢，政府應以開放的心態，簡化僑生來台申請程序，以及畢業後的居留、就業、租稅等相關規定，而非以防堵的心態擔心僑生會搶走國內的就業機會。僑生與我們同文同種同血脈，又為我國大專院校所培養，在國內勞動力缺乏的長期趨勢下，是高階人力絕佳的補充來源。

僑教單位與國內各大學，亦應主動出擊，結合校友會的人脈，加強在香港、澳門等僑居地的文宣與招生說明，針對市場特性，提出我國大學的特色課程，例如休閒產業管理、老人照護、餐飲服務管理等，就是香港僑生來台就讀的新科系趨向。

過去，台灣曾經因為文人大師輩出，成為港澳生來台就讀的原因。今日，雖然中國大陸、新加坡或歐美的名校皆是我們的競爭對手，但是台灣多年來已培育出民主開放與多元文化的社會，再加上溫暖的人情，以及友善的環境，均形成台灣獨有的特色，政府與各大專院校均應好好發揮，招攬僑生來台體驗，及早將優秀人才引入台灣、留在台灣，儲備國家發展所需的人才。

參考書目

〈八華學校慶祝111週年　中國新式教育創始人之一‧晚清兩江總督端方〉，印尼《星洲日報》，2012年6月4日。

於慧堅、王銘義（2006），〈中共宣布十五措施　陸委會促協商　國台辦：辦實事〉，2006年4月16日。

林志忠（2009），《增加華裔學生來台就學之研究》，台北：僑委會委託研究。

邱立本（2008），《匆忙的文學》，台北縣：印刻出版。

邱立本（2010），《文字冒險家》，香港：香港天地圖書有限公司。

郁漢良（2001），《華僑教育發展史（上）（下）》，台北：國立編譯館。

夏誠華（2006），〈一九四九年以來的中華民國僑生教育回顧〉，《教育人力與專業發展雙月刊》，台北：國家研究院，23 (2)，2006年4月。

高崇雲（2006），〈我國僑民教育的現況與發展〉，《教育人力與專業發展雙月刊》，台北：國家研究院，23 (2)，2006年4月。

張希哲（1991），《中華民國的僑生教育》，台北：正中書局。

陳淑美、邱瑞金（2000），〈回歸之後 2000 台澳風雲〉，《台灣光華雜誌》，2000年1月。

劉炯朗（2010），《20不惑》，台北：時報出版。

【第二篇　台港二地之經濟】

第四章

台港二地勞動市場之比較

黃麗璇[*]

一、前言

　　同屬中華文化的香港與台灣不論是文化、歷史、社會等各層面，均有著濃濃的相關。著名的經濟成長相關文獻（the growth theory），因香港與台灣於經濟起飛階段的驚人表現，將台灣與香港同譽為亞洲四小龍的成員之一。回顧此二區域經濟發展的過程可以發現，兩地除了擁有許多共通點外，相異處也不少，而勞動市場即為其一。基於台港二地近年來勞動市場日趨明顯之差異，本文乃著重於兩地相關表現之比較，並解讀其背後之意涵與關聯，以作為世界其他人口稠密面積狹小的經濟體系發展之參考與典範；同時，藉此提出審思。

　　本文於下一節首先檢視香港與台灣最近三十年經濟發展趨勢特徵，並由產業結構變遷分析兩地產業發展策略之異同，提供讀者對此二區域於經濟學所謂「引申性需求」（derived demand）的勞動市場發展背景輪廓之了解。接著，比較兩地勞動市場之表

＊本文承蒙吳大任教授提供寶貴建議，以及助理費虹寧小姐協助資料蒐集與文書處理，特此致謝。

現，內容涵蓋二地人力資源的發展、薪資報酬趨勢以及失業結構異同等之討論。

二、經濟發展策略與趨勢

本節檢視近年來香港與台灣經濟發展的過程，提供二地勞動市場變動趨勢背景介紹，第一小節分析經濟成長趨勢，第二小節則著重產業結構變化之討論。

（一）經濟成長趨勢

圖1展現過去三十年台港二地每人國民所得長期趨勢（GDP per capita, PPP）。以購買力指數平減之後，吾人觀察到香港人均所得長期優於台灣，高於台灣達US$5,000至$10,000；以2010年為例，香港的每人國民所得為US$45,944，台灣則為US$35,604。然而就經濟成長率觀之（圖2），台灣與香港的經濟成長趨勢其實頗為類似，三十年間兩地平均經濟成長率分別高達5.98%與5.13%之水準，且台灣略高於香港。兩地在經濟成長方面的另個相似處則是，1990年代中期以前經濟成長率多介於5%至10%間，屬高度成長期；之後，成長率下降至5%以下。另外，台港二地的經濟均曾出現兩次負成長，但發生時點並不完全相同。除了金融海嘯之後同時發生的一次之外，香港的另一次發生於亞洲金融風暴之後；台灣的另一次則為2001年的網路科技泡沫化。因

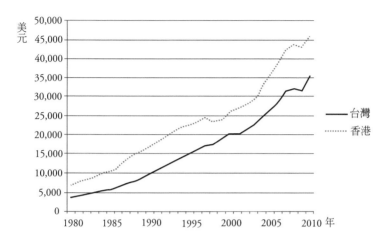

圖1：台灣與香港每人國民所得（GDP per capita, PPP）
1980-2010

資料來源：台灣每人國民所得：IMF, World Economic Outlook Database, http://www.imf.org /external/pubs/ft/weo/2011/02/weodata/index.aspx。香港每人國民所得：IMF, World Economic Outlook Database http://www.imf.org /external/pubs/ft/weo/2011/02/weodata/index.aspx。

此，香港兩次負成長均源自金融面的干擾，有來自區域性的金融干擾，也有來自全球性的。而台灣除受到全球不景氣的影響外，也同時受到科技產業面的干擾。此二次負成長發生的原因與時機上的差異，不啻反應著台港二地經濟發展與產業結構的不同。

其次，就經濟成長率的波動程度而言，台灣與香港兩地的經濟波動程度頗不相同（圖2）。基本上，香港的波動程度遠高於台灣，其經濟成長率最高與最低分別達到13.4%（1987年）與–6.0%（1998年）的水準；台灣則僅介於 11.0%（1986年）與–1.8%（2009年）之間。若由經濟成長率的標準差也可看出端

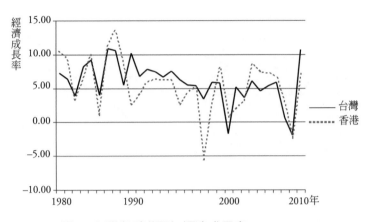

圖2：台灣與香港歷年經濟成長率 1980-2010

資料來源：台灣經濟成長率：國民所得統計摘要，http://www.dgbas.gov.tw/
ct.asp? xItem=28862 &ctNode=3099&mp=1。香港經濟成長率：KILM。

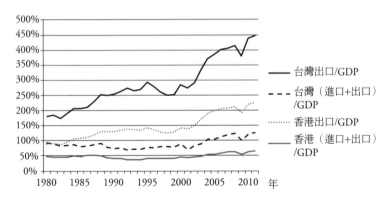

圖3：台灣與香港國際貿易程度 1980-2010

資料來源：台灣進出口總值：中華民國統計資訊網統計資料庫，http://ebas1.ebas.
gov.tw/pxweb/Dialog/statfile9L.asp。台灣GDP：國民所得統計摘要，http://www.
dgbas.gov.tw/ct.asp? xItem=28862&ctNode=3099 &mp=1。香港進出口總值與GDP：
香港特別行政區政府統計處統計資料，http://www.censtatd.gov.hk/hong_kong_
statistics/statistical_ tables/index_tc.jsp。

倪，資料期間香港經濟成長率標準差為4.07，明顯高於台灣的3.09。至於為何香港的經濟體系受到景氣或其他因素影響時，反應相對台灣劇烈呢？此或乃與香港經濟的高度開放有關，關於這一點吾人將以圖3說明之。

　　圖3以進口加出口佔GDP的比例做為衡量貿易自由度的指數（degree of openness）[1]。香港該指數在2011年高達448%的水準，而且過去三十年該指數快速增加。相反地，台灣在此層面明顯異於香港。雖然，台灣在過去三十年間亦積極採取貿易自由化政策，然及至2011年，台灣的貿易自由化指數僅達126%之水準。除了自由化程度迥異之外，另根據香港自由化指數變動最激烈的期間，吾人認為自由化之差異相當程度反映著香港與中國大陸的地理關係與經濟關連。不論如何，就兩地的貿易開放程度而言，台灣與香港確實不同，即使與世界各地相較，香港仍可謂為極度開放的市場。

（二）產業發展特色

　　香港金融服務業舉世聞名，若將時間拉長且自1980年代開始觀察香港產業發展趨勢，更可窺見其產業變遷之快速。表1呈現了過去三十年香港與台灣各大分類產業產值佔GDP之比重。

　　首先，吾人觀察到三十年前不論是台灣或香港，製造業均佔

1　香港近年來因轉口貿易遽增，此亦為上述貿易自由化程度指數產生劇烈變化的原因之一。若將轉口貿易扣除，則2011年香港上述自由化指標為202%；與台灣相較，差異依舊明顯。

有相當的地位。以1980年為例，台灣與香港製造業產值比重分別為32.56%與22.8%，差異不致太大（請參見表1的詳細數據）；1990年台灣製造業比重持平，但香港則快速減低；之後，兩者的差異更形顯著，如2010年台港二地製造業比重分別為26.08%與1.8%。換言之，目前香港的製造業已形同近乎消失的狀態。值此時期香港的服務業快速成長，及至2010年其服務業對GDP的貢獻已超過九成（高達92.9%之水準）；同年，台灣服務業產值僅佔GDP的57.16%。再者，值得一提的是，台灣的出口十分集中於高科技相關產品。按照OECD技術密集度指標中所認定的「高科技」產品種類（包括航太、電腦與OA設備、電子通訊設備與醫藥製品等），台灣高科技出口品佔總出口的比重於1998年已達37.1%之水準，2010年時則上升為42.6%（台灣財政部統計）。因此，台港二地產業發展策略確實存在相當大的差異，其對勞動市場的影響當不可言喻。

總之，台灣與香港在過去三十年間，產業發展的策略十分不同。香港屬於產業快速調整地區，除積極轉型至以金融貿易服務產業為主的經濟體系外，並同時採取高度貿易自由化之策略；相對地，台灣產業結構的調整明顯較香港緩慢，而且，相對著重製造業的發展，尤其是所謂的高科技製造業，其欲由高科技產業帶動經濟發展的意圖頗為明顯。兩地上述因地制宜與順勢力導所造成的成長模式之差異，不論是對人才的運用或是勞動市場之發展均具有決定性的影響。本文接下來將著重於台港二地勞動市場之比較分析。

表1：台港兩地產業結構變動趨勢之比較──各業產值佔GDP之
比重

單位：%

地區 / 年份 產業別	台灣				香港			
	1980	1990	2000	2010	1980	1990	2000	2010
農林漁牧礦業	4.40	4.70	2.52	2.11	1.0	0.2	0.1	0.1
製造業	32.56	30.76	24.62	26.08	22.8	16.7	4.8	1.8
水電燃氣業	3.25	2.69	1.99	1.31	1.5	2.4	3.0	2.0
營造業	5.45	4.41	3.12	2.82	6.5	5.2	4.9	3.3
服務業	35.97	43.76	56.35	57.16	68.3	75.4	87.2	92.9

資料來源：台灣農林漁牧礦業（含土石採取業）、製造業、水電燃氣業、營造業和服務業國內生產毛額：中華民國統計資訊網總體統計資料庫，http://ebas1.ebas.gov.tw/pxweb/Dialog/statfile9L.asp。GDP：國民所得統計摘要，http://www.dgbas.gov.tw/ct.asp?xItem=28862&ctNode=3099&mp=1。香港農林漁牧礦業（不含林牧業，含採礦及採石業）、製造業、水電燃氣業、營造業及服務業佔生產總值百分比：香港特別行政區政府統計處統計資料，http://www.censtatd.gov.hk/hong_kong_statistics/statistical_tables/index_tc.jsp。

三、人力資本與勞工技能

（一）高等教育的發展

經濟成長理論的文獻普遍認為，人力資本是經濟成長最主要的動能之一（如Romer, 1990; Becker, 1992）。而累積人力資本存量最重要的方式之一便是提高人們的教育水準，也因此，世界各國政府在經濟發展的過程中無不積極投資國民教育，尤其是高等教育的投資，台灣也不例外。

自1990年代初期開始，台灣政府改採長期持續擴張措施，其大學入學率（college enrollment rate）由1990年代平均39.48%迅速向上竄升為76.11%（2000~2010年平均），且就筆者所知，如此快速的擴張速度，似乎僅南韓與中國大陸得以媲美[2]。根據世界銀行公布的大學入學率，先進工業國家除了美國的大學入學率較高達到89.1%（2009）的水準外，英國、法國與義大利為58.8%、54.5%、66.0%，鄰近的日本亦僅59.0%。台灣勞動者的教育結構則在高教政策更迭下快速改變，擁有大專及以上學歷勞動力的比重快速升高（參見表2），目前在台灣每十位勞動者中即有超過四位具有大專或以上的高等學歷。

　　香港對於高等教育的擴張相對台灣顯得保守，其大學入學率在1980年代平均為11.16%[3]，僅約為當時台灣入學率的一半左右。1990年代中期之後香港的大學入學率開始起了較大的變化，2003至2010年平均達43.0%（參見表2）。也因此，香港高學歷勞動力的比重增加幅度較小，2008年時僅27.45%，與台灣的43.35%相較，差距明顯。

　　因此，就勞動力的學歷分配而言，相對於香港，乃至於相對世界各主要國家，台灣勞動力的特色之一便是「高度的高學歷密集」。

---

2 南韓大學入學率在1980年與2009年分別為12.8%與103.9%（資料來源: World Bank Development Indicators）。

3 World Bank Development Indicators僅報導1980至1984年的數據，故上述11.16%乃指此五年大學入學率的平均值。

表2：台港二地人力資本變數

單位：%

地區 / 年份	台灣			香港		
	1980-1989	1990-1999	2000-2010	1980-1984	1992-1994	2003-2010
大學入學比率	20.46	39.48	76.11	11.16	20.34	43.00

地區 / 年份	台灣			香港		
	2000	2005	2010	2002	2005	2008
高學歷勞動力比率	27.35	34.78	43.35	20.10	24.04	27.45
白領勞工比率	27.53	30.67	33.80	30.1	34.8	36.0

資料來源：台灣大學入學比率：中華民國教育統計100年版。香港大學入學比率：WorldBank Data, World Development Indicators，http://databank.worldbank.org/ddp/home.do?Step=12 &id=4&CNO=2。台灣高學歷勞動人數：行政院主計處就業、失業統計，http://www.dgbas. gov.tw/ct.asp?xItem=17144&ctNode=3246&mp=1（高學歷勞工比率＝高學歷勞工人數／總就業人數）。香港高學歷勞動人數：KILM（高學歷勞工比率＝高學歷勞工人數／總就業人數）。台灣白領勞工人數：中華民國統計資訊網就業、失業統計人力資源統計年報，http://www.stat. gov.tw/ct.asp?xItem=18844&ctNode=4944&mp=4（白領勞工比率＝白領人數／總就業人數）。香港白領勞工比率：KILM。

（二）技能發展指標趨勢

　　人力資源方面的另一個有趣現象則是，若以白領勞工（white collar workers）佔總就業人數的比例作為勞動市場高技能傾向的

指標（the measure for high skilled labor），則吾人發現雖然台灣勞動市場屬於高學歷密集，但是，台灣與香港高技能比率不相上下（參見表2）。近年來，台港二地上述比例均為三成多；而且，與高學歷比例不同地，台灣白領比例尚低於香港（33.8% v.s. 36.0%）[4]。顯示台灣高技能勞工比例並未如高學歷勞工比例般快速變動，對於相當重視學歷文憑的台灣社會，此現象值得深思。誠然，教育的報酬不應只侷限於狹隘的貨幣面定義，人們素質與生活品質內涵之提升也都是各國不遺餘力積極投資教育的主要原因。然不可諱言地，台灣高學歷與高技能比例的巨大差距也反映著一個不爭的事實，那就是近年來擁有高學歷的台灣勞工所從事的工作屬性不必然是高技能的職種。

四、就業結構變化

在前述經濟發展策略與特徵下，台港二地在引申性需求的勞動市場上的長期趨勢，以及此趨勢的差異性是我們最感興趣的議題。本節接著由就業市場的特徵、薪資給付與失業率等三個面向探討此一議題。

---

4 台灣白領勞工指的是職業類別歸屬民意代表、主管、經理人員、專業人員、技術員及助理專業人員等分類者。香港的白領勞工為legislators, senior officials, managers, professionals, technicians and associate professionals。

（一）勞動參與率

首先，就勞動參與率而言（表3），台灣整體勞動參與率在過去二十年幾乎維持不變，約略停留在五成八的比例，與先進工業國家相較，屬偏低的水準。香港的勞參率高於台灣，目前其全體平均為61%。不過，值得注意的是香港的勞動參與率呈現長期下降的趨勢。

就勞動參與的性別差異而言，香港或台灣的長期趨勢相仿但變動速度不一。二地男性勞動參與率長期下降；女性持續上升（表3），這些趨勢與世界各國十分雷同。然而，變動速度方面，香港男性勞動參與率的下降速度快於台灣，台灣女性的上升

表3：勞動參與以及男女就業比率

單位：%

地區／年份	台灣				香港			
	1980	1990	2000	2010	1980	1990	2000	2009
勞動參與率								
總體	58.26	59.24	57.68	58.07	63.8	63.0	60.7	60.8
男性	77.11	73.96	69.42	66.51	80.9	78.9	73.2	69.6
女性	39.25	44.50	46.02	49.89	45.7	46.6	49.1	53.5

地區／年份	台灣			香港		
	2000	2005	2010	2000	2005	2008
就業者中男性所佔的比例	59.74	57.87	55.95	57.82	54.62	53.14

資料來源：台灣勞動參與率、就業率：行政院主計處就業、失業統計，http://www.dgbas.gov.tw/ct.asp?xItem=17144&ctNode=3246&mp=1。香港勞動參與率、就業率：KILM。

速度則高於香港。根據上述男女勞動參與的變化得知，香港平均勞動參與率的下降主要乃源自於男性快速降低的勞參率；而台灣勞動參與長期持平的現象則為兩性勞動參與一增一減變動幅度差異不大所致。不論如何，兩地勞動參與趨勢的變化已經導致台港二地勞動市場男女就業結構漸趨一致，兩地就業者當中男性比例均由1980的不及60%下降至53%至56%之間（表3）。

因此，以就業者的性別結構觀之，目前台灣與香港的勞動市場男女比例幾乎呈現五五波。表示兩地男女性投入勞動市場的情況在近年來趨於相近，也意味著過去男主外女主內的社會型態在台灣與香港兩地均已逐漸式微，雙薪家庭已為主流。

（二）就業者的產業分配

就業總人數方面，台灣的規模約為香港的三倍（表4）。就業者的產業分配方面，三十年以來，台灣製造業的就業比例由約32.9%略降至27.3%，服務業則由38%增加為58.8%。台灣就業者在產業別的分配變動趨勢也正呼應著上一節產業結構調整較香港緩慢的觀察。相反地，香港就業者的產業分配變動迅速，研究期間製造業就業比重由42.1%劇降為5.4%；服務業的就業比例目前則已竄升至86.3%的水準。

基於香港的高度金融發展傾向，接著，吾人進行台港二地金融保險不動產業的就業比較（表4）。台灣過去三十年間金融保險不動產業的就業比重不高，變動也不明顯，以2010年為例，該

表4：台港兩地就業結構之比較

地區/年份	台灣				香港			
	1980	1990	2000	2010	1980	1990	2000	2008
就業總人數	6,547,000	8,283,000	9,491,000	10,493,000	2,237,800	2,711,500	3,207,300	3,518,800
製造業（%）	32.9%	32.0%	28.0%	27.3%	42.1%	27.7%	10.4%	5.4%
服務業（%）	38.0%	46.3%	55.0%	58.8%	48.4%	62.4%	79.4%	86.3%
金融保險不動產（%）	1.33%	2.7%	4.3%	4.8%	4.6%	7.7%	14.1%	16.5%

資料來源：台灣總人口：行政院主計處人口靜態統計，http://www.dgbas.gov.tw/ct.asp?xItem=15408&CtNode=4594。台灣就業人數：行政院主計處就業失業統計表，http://www.dgbas.gov.tw/ct.asp?xItem=17144&ctNode=3246&mp=1。香港總人口、製造業及金融保險不動產業就業人數：KILM。香港服務業就業比例：World Bank Data, World Development Indicators，http://data.worldbank.org/data-catalog/world-development-indicators（服務業就業人數＝總就業人數 × 服務業就業比例）。

產業之就業比率仍不及5%。因此，過去台灣積極推動成為「亞太金融中心」的目標，看來並未成功。反觀香港，金融保險不動產業的就業比重於2008年已超過16%之水準；表示，每六個香港就業者當中約有一位刻正從事金融保險不動產相關工作。就單一產業而言，為數相當可觀。在如此高的金融就業密度下，實不難想像與金融相關的任何風暴的發生對於香港的經濟活動與勞動市場衝擊之激烈，如1997年的亞洲金融風暴以及2008年的全球金融海嘯。關於這個部分，吾人將在下一小節分別由勞工的薪資表現以及失業率的變動闡明之。

五、勞動市場表現

（一）薪資給付方面

圖4a為香港領取月薪的勞工實質薪資趨勢圖（2009CPI = 100）[5]。基本上，香港過去二十多年各產業實質薪資雖然差距明顯，但均呈向上增之趨勢。運輸倉儲通訊業以及批發零售餐旅業的薪資表現除優於其他行業外，其薪資成長也最為突出；其中，運輸倉儲通訊業的薪資高於其他產業甚多。依據該二產業的特質，吾人認為此優異的薪資表現應與大陸地區的經濟開放以及

---

5 在此，月薪資指的是領取月薪的受雇勞工薪資。香港統計單位公布的另一個薪資數據為日薪勞工的薪資變動，因台灣並無日薪資料，因此，為與香港進行比較，後續台灣實質薪資的數據也都使用受雇職員薪資，屬於領取月薪的白領勞工之薪資。

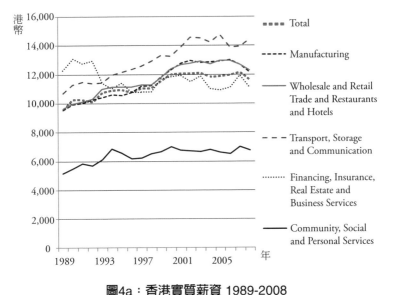

圖4a：香港實質薪資 1989-2008

註：實質薪資 =（名目薪資/ CPI）×100，CPI基期：2009年10月至2010年9月 = 100。

資料來源：名目薪資（月薪員工— salaried employees）：International Labour Organization，http://laborsta.ilo.org/。消費物價指數：香港特別行政區政府統計處，http://www.censtatd.gov.hk/hong_kong_statistics/statistics_by_subject/index_tc.jsp?subjectID=12&charsetID=2&displayMode=T。

香港致力於轉口貿易經營及貿易的自由化息息相關。

香港金融保險不動產業的就業比重雖然持續快速增長，但是，圖4a也顯示其薪資卻曾經歷一小段下降的時期，及至1999年始回升。而且，金融保險不動產業薪資上下起伏的情況也較其他產業明顯。這些趨勢或許意謂著，香港金融自由化可能已使該業受雇人員薪資表現極易受到全球金融產業環境之興衰所影響。再者，圖4a各產業受雇人員薪資的走勢也顯示出香港受雇勞工之間

薪資差異已逐漸擴大的事實。

圖4b則為台灣各產業受雇職員實質薪資變動的長期趨勢。與香港十分不同地，過去二十年間，台灣整體實質薪資呈現先上升後下降的倒U趨勢，並於全球金融海嘯抵達谷底後開始反彈上升。亦即，工業與服務業整體平均實質薪資自2004年達到最高峰後逐年下降，雖然2010年已開始反彈，然截至目前為止的實質薪資水準仍低於其2007年之水準。個別產業方面，金融及保險業較為特殊，其平均薪資水準明顯高於總體平均，而且也並無上述薪資下跌的情況。其他各產業受雇員工薪資呈現的倒U趨勢，則均

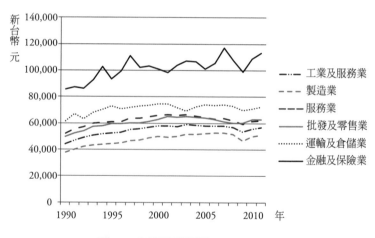

圖4b：台灣實質薪資 1990-2011

註：實質薪資 =（各業受雇人員（職員）每人每月平均薪資 / CPI）×100，CPI基期：2006年 = 100。
資料來源：歷年各業受雇員工每人每月平均薪資－職員：行政院主計處薪資與生產力統計，http://www.dgbas.gov.tw/ct.asp?xItem=30828&ctNode=3367&mp=1。消費者物價指數：行政院主計處物價指數統計表，http://www.dgbas.gov.tw/ct.asp?xItem=393&CtNode=2850&mp=1。

與整體趨勢雷同。服務業比較特殊，其實質薪資早自2001年便開始下降；而製造業的實質薪資低於其他產業，與服務業相較，約低了新台幣10,000至15,000元。總之，除金融保險業外，一般而言，近年來台灣勞工的薪資表現並不理想，此現象即使是在經濟成長率超過5%的時期亦然。而且，這種趨勢也與勞動生產力長期成長的現象相反。一言以蔽之，台灣長期實質薪資已近乎僵固，此現象著實異於香港。因此，吾人認為台灣勞工並未充分地分享經濟成長之果實。究竟造成此現象的原因為何？是否因為台灣勞動市場競爭度不足，使得勞工對薪資的議價能力過低？或者是因為台灣的勞動市場過於封閉？或者實質薪資的下降乃全球化趨勢下經濟轉型過程的陣痛？還是其他因素所造成？不論如何，台灣的低薪現象值得後續深入的探索，然基於篇幅限制，在此僅粗淺地提出兩個層面說明如下。

首先，根據世界勞工組織所公布的台港兩地非薪資報酬（non-wage cost）佔勞動總報酬的長期趨勢觀之[6]，台灣的比例逐年上升，1980年（7.4%）與2009年相較幾乎上升一倍（2009年成為14.7%）[7]。表示近年來台灣勞工意識抬頭促使政府部門以立法或修法的方式逐步提高對勞工的保護已造就非薪資報酬的持續增長，此趨勢異於上述停滯且下滑的實質薪資報酬。同一時期香港上述比例的增加幅度雖然超過台灣，但目前該比例僅為8.5%

---

6 台灣與香港非薪資報酬的資料來源均為KILM (http://kilm.ilo.org/kilmnet/)，其中，非薪資報酬比率指的是"Hourly social insurance expenditures and labour-related taxes as % of total hourly compensation costs".

7 非薪資成本佔總勞動成本的比重在歐美地區動輒高達20%或30%以上。

（1980年該比例甚至僅為3.2%）。因此，就勞動法規的保障而言，台灣勞工所受到的保障程度應是高於香港的，此或乃亦為台灣的勞動市場變得較不具彈性的原因之一（如Botero et al., 2004）。

再者，若按去年世界經濟論壇（WEF）所公布的全球競爭力指標（The Global Competitiveness Report），在全部142個國家當中，台港二地雖然在總指標的排名差異不大（13 v.s. 11），然舉凡與勞動市場有關的指標之排名卻存在極大的差異性，包括勞動市場效率子指標以及人才運用效率子指標。台灣該二子指標排名分別是第98與14名，香港則為第2與9名。再者，該二子指標項下的細指標也都顯示，台灣勞動市場細子標的排名遠遠落後香港[8]：台灣於3與118之間，香港則介於1與73之間。這些跨國共通的勞動指標指出，台灣的勞動市場效率不及香港。

（二）失業率方面

失業問題為勞動供給與勞動需求連動之後的結果，其除受勞動供給面變動的影響外，任何造成勞動需求改變的因素也都會影響失業率及失業結構。在失業率方面，台灣與香港過去三十年失

---

8 勞動市場效率子指標項下的細指標為勞資關係的合作（Cooperation in labor-employer relations）、工資決定的彈性（flexibility of wage determination）、就業的僵固程度（Rigidity of employment index）、雇用與解雇的實施（Hiring and firing practices）、解雇成本（Redundancy costs）；人才運用效率子指標下的細指標則包括：薪資及生產力（Pay and productivity）、專業管理的可信度（Reliance on professional management）、人才外流（Brain drain）、女性勞動力（Women in labor force）。

業率的長期變動趨勢頗為類似 （圖5）；然而，根據資料期間兩地失業率的平均數（標準差）觀之：台灣2.84%（1.30%）、香港3.74%（1.82%），不論是長期平均值或波動幅度，台灣均明顯優於香港。

質言之，台港二地的失業率皆由1990年代中期以前的超低失業水準轉變為超過5%的失業率，近年來甚至每遇總體負面衝擊，兩地失業率均屢創歷史新高。譬如，1990年代中期以前兩地失業率多低於3%的水準，之後，快速上升且變動幅度擴大（圖5）。又如，香港失業率在亞洲金融危機時快速上升超過一倍，達到4.6%的水準（1998）；之後，失業率仍持續竄升，甚至於2003年達到接近8%的超高水準。2003年之後，香港失業率雖然開始下降，然其仍是超過5%的高水準[9]。而且，令人驚訝的是，該時期香港經濟成長率曾經處於7.0%至8.5%的高度成長（發生於2004至2006年間）。這種高成長率與高失業率並存的現象可能反應著除了之前提及的香港產業結構特別集中金融保險業，使得勞動市場受到亞洲金融危機與全球金融海嘯的衝擊相對台灣嚴重之外，其他如快速開放的自由經濟體系以及轉口貿易型態等等的因素，應該也都是雙高現象不可忽略的因子。

台灣的情況略有不同，圖5顯示台灣失業率最高的兩次均分別與當次負的經濟景氣息息相關（請同時參考圖2與圖5），其分別發生於金融海嘯之後（2009年）以及網路科技泡沫化之際

---

9 其中，2006至2008年為少數的例外。

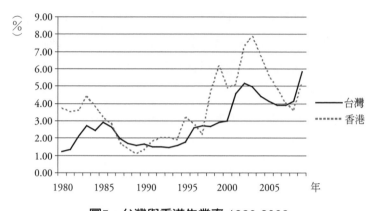

圖5：台灣與香港失業率 1980-2009

資料來源：台灣失業率：行政院主計處就業、失業統計，http://www.dgbas.gov.tw/ct.asp?xItem=17144&ctNode=3246&mp=1。香港失業率：KILM。

（2001年）；在景氣衝擊下，兩次歷史新高的失業率分別發生在2001~2002年間（為4.57%與5.17%）以及2009年（為5.85%）。表示台灣二次失業率的新高水準都與總體經濟的不景氣有關。再者，基於台灣產業結構偏重於高科技產業，當全球高科技產業景氣發生變化時，台灣也無法倖免。同時，台灣出口導向的經濟型態又更加劇了上述因素的衝擊力道與效果。

那麼，兩地失業的分配狀況如何呢？其特徵是否也有明顯的不同呢？根據表5，台灣愈來愈多的失業集中在高學歷勞工身上，高學歷的失業率居高不下。大學以上學歷勞工（不包含大專畢業生）的失業率甚至於2007年開始超過所有學歷勞工成為最高失業族群，表示台灣高學歷高失業的雙高現象已愈趨嚴重。而且，高等教育快速擴張造成大學學歷報酬率下降以及學用配合度

降低的現象在文獻上也普遍獲得證實（前者如Lin and Orazen, 2004; Gindling and Sun, 2002; and Gindling et al., 1995；後者如Lin and Yang, 2009; Lin and Wang, 2005）。雖然教育的價值不能僅由貨幣面衡量，但是勞動者高學歷之傾向確實導致高學歷勞工的供過於求。投資教育多年但無法在勞動市場獲得回報的現象，不論是從總體層面或是個人層面而言均值得正視。而且，此雙高問題可能正反映著常見於先進工業國家的加速型技能偏向型態的技術進步（accelerated skill-biased technological change），在台灣並不明顯的情況。根據經濟學的成長理論，一個經濟體系可能發生供給創造需求的情況（即內生成長理論〔the endogenous growth theory〕）。透過上述型態的技術進步，高技能勞工供給的快速增加反而能夠進一步創造其需求，此即為供給創造需求的效果（Acemoglu, 1999, 2002; Aghion et al., 1999; Romer, 1990）。若高學歷的供給確實能夠創造其需求的話，應該可以觀察到高學歷報酬率增加以及失業率相對較低的結果。顯然此現象並未發生於台灣；即便曾經發生，其力道也明顯不足。因此，吾人預測短期內台灣上述雙高現象無法獲得改善，故此應為長期現象，值得正視。

　　相對地，香港則無此問題。香港的失業率很明顯地隨學歷提高而降低，國中及以下學歷勞工的失業率甚至曾經達到大專及以上學歷勞工三倍以上的水準。亦即，香港近十多年來大學入學率雖然也擴增了一倍多（表2），但是，高學歷勞工供給的增加似乎仍多被其需求吸收。由於當時金融保險不動產相關產業正處於

表5：台港兩地失業者特徵之比較

單位：%

地區 / 年份	台灣										
	1990	1992	1994	1996	1998	2000	2002	2004	2006	2008	2010
平均失業率	1.67	1.51	1.56	2.60	2.69	2.99	5.17	4.44	3.91	4.14	5.21
按學歷區分											
大學及以上	2.03	2.28	2.38	3.31	2.67	2.67	2.89	4.11	4.36	4.78	5.62
大專及以上	2.27	2.15	2.23	3.13	2.80	2.80	4.28	4.06	3.98	4.21	5.12
高中職	2.50	2.13	1.98	3.00	3.09	3.34	5.92	4.87	4.36	4.34	5.58
國中及以下	1.01	0.90	1.00	2.02	2.28	2.80	5.14	4.31	3.21	3.76	4.83
按年齡區分											
15-24	5.11	4.80	4.78	6.88	7.31	7.33	11.85	10.91	10.35	11.82	13.06
25-44	1.18	1.09	1.23	2.23	2.27	2.64	4.75	3.96	3.78	4.02	5.35
45-64	0.52	0.46	0.49	1.20	1.40	1.70	3.36	3.20	2.29	2.53	3.41

地區 / 年份	香港										
	1990	1992	1994	1996	1998	2000	2002	2004	2006	2008	2010
平均失業率	1.3	2.0	1.9	2.8	4.6	4.9	7.3	6.7	4.8	3.6	5.2**
按學歷區分											
大專及以上	NA	NA	NA	NA	NA	NA	3.83	3.09	2.61	2.33	NA
高中職	NA	NA	NA	NA	NA	NA	6.66	6.05	4.46	3.53	NA
國中及以下	NA	NA	NA	NA	NA	NA	10.30	10.31	7.01	4.75	NA
按年齡區分											
15-24	NA	NA	NA	NA	NA	10.68	NA	10.69**	10.36	8.54	12.29
25-44	NA	NA	NA	NA	NA	3.65	NA	4.19***	3.53	2.73	3.05
45-59	NA	NA	NA	NA	NA	5.43	NA	6.44***	5.25	3.59	3.98

資料來源：台灣平均失業率、失業率按學歷及年齡區分：行政院主計處就業、失業統計，http://www.dgbas.gov.tw/ct.asp?xItem=17144&ctNode=3246&mp=1。台灣平均失業週數：中華民國統計資訊網總體統計資料庫，http://ebas1.ebas.gov.tw/pxweb/Dialog/statfile9L.asp。香港平均失業率：KILM。香港失業人數按學歷區分，大專及以上（tertiary）、高中職（secondary）、國中及以下（primary）（各學歷失業率＝各學歷失業人數／總勞動力）：KILM。香港失業人數按年齡區分（各年齡失業率＝各年齡失業人數／總勞動人口）：《香港統計年刊》2011年版，http://www.censtatd.gov.hk/products_and_services/products/publications/statistical_report/general_statistical_digest/index_tc.jsp。

註：**指2009年資料，資料來源：KILM；***指2005年資料，資料來源：《香港統計年刊》2011年版。

迅速擴張期[10]，此變動對高學歷勞工的需求以及低水準的失業率應該扮演了相當的角色（Lam and Liu, 2011）。另外值得注意的是，近五年來香港高低學歷勞工失業率之差距正急遽縮小中，表示近期香港低學歷者的失業問題已獲得相當程度的紓緩。

就失業者的年齡分配上，吾人發現台灣與香港十分類似，即年輕人的失業問題最為嚴重。資料期間顯示，15至24歲年輕勞工之失業率往往是全體勞工的二倍以上，台灣甚至曾經超過全體平均值的三倍。因此，不論是台灣或香港，如何創造缺乏工作經驗的年輕勞工之就業機會、保持其勞動市場競爭力確實具有相當的時間迫切性。

總之，近二十年來，雖然台灣與香港產業結構不同、經濟策略相異、勞動供給特徵趨勢也不甚相同，但兩地失業問題卻同時日趨嚴重，尤其是香港地區。二地超過3%甚或4%的失業率已為常態，高成長低失業的時代已然成為過去。其次，兩地均發生失業率隨全球經濟景氣波動幅度變大的情況，尤以香港更為顯著。基於此，吾人認為全球化的衝擊對台港二地經濟發展具有不可忽略的重要地位。最後，與歐美國家相同地，香港與台灣也均面臨了失業年齡結構的問題，其中尤以15至24歲年輕人之失業最為嚴峻。不過，除了年輕人失業問題外，台灣高學歷失業問題將是個長期嚴峻的挑戰。

---

10 根據表4，香港金融保險不動產業雇用比例與1990年水準相較，增加超過一倍以上。

六、結論與討論

香港與台灣同文同種，也同被經濟文獻歸類為亞洲四小龍的成員。檢視此二地區過去三十年的經濟發展與策略，吾人發現其存有相當大的差異。本文透過經濟發展趨勢與產業結構變遷，嘗試探討這些變動對台港二地勞動市場之影響。

在經濟背景方面，香港與台灣經濟成長趨勢十分類似，亦即高經濟成長時代均已不復存在，而且波動幅度已明顯加大，尤以香港為是。這些現況反映著香港高程度開放的經濟特性，也使其較台灣易受世界景氣所影響；再者，其多少亦反映了香港與中國大陸地理關係與經濟關連的交互效果。此外，台港兩地的產業發展策略也存在頗大的差異。香港因勢利導、快速調整產業結構、積極轉型為以服務業為主，且高度自由化。台灣產業結構的調整相對緩慢，雖然目前已轉型為以服務業為主的經濟型態，然製造業仍佔有近三成左右的就業比重。此外，台灣十分著重高科技製造業的發展，此特性也左右了台灣勞動市場的變動趨勢。

在勞動市場上，吾人發現台港二地實質薪資的長期趨勢以及產業間薪資走勢的差異頗為顯著。首先，香港長期實質薪資持續提升；台灣則呈倒U趨勢，並於全球金融海嘯抵達谷底後反彈上升。因此，就平均薪資的表現上，台灣勞工不若香港勞工般分享經濟果實。其次，香港薪資表現最佳的產業為運輸倉儲通訊業以及批發零售餐旅業，其薪資成長率也高於其他行業，此多少應與大陸地區的經濟開放，以及香港致力於轉口貿易息息相關。另

外，吾人發現香港金融產業受雇人員的薪資表現極易受到全球金融產業環境之興衰所影響。台灣薪資表現最好的產業則是就業比重不高的金融保險不動產業，其他各產業受雇員工薪資則均與整體倒U趨勢十分相似。比較特殊的是，台灣服務業薪資比總體平均薪資更早面臨著長期下降的情況，而製造業的實質薪資低於其他產業甚多。

總之，就薪資表現方面，吾人認為台灣長期實質薪資已近乎僵固，此現象與香港的長期上升趨勢十分不同。其背後的原因可能相當複雜，或者與台灣勞動市場的競爭度、勞工薪資議價能力、勞動市場的開放程度、經濟轉型過程等都有關聯，非常值得後續深入的探索。

另外，在失業率的表現方面，兩地失業問題日趨嚴重，且近年來每當遭遇負向的總體干擾時，失業率均屢創新高，故全球化的負面衝擊應是兩地經濟發展上同為重要的課題。不過，不論是以失業率的長期趨勢或者波動幅度，台灣在失業問題的表現上似乎略勝香港一籌。香港近年來除了產業結構特別集中金融保險業，使其勞動市場易受各種金融危機的衝擊之外，其他如快速開放的自由經濟體系以及轉口貿易型態等等的發展，可能都是失業問題背後不可忽略的因子。

失業結構的改變也考驗著台灣與香港。在台灣，高學歷勞工的失業問題是個很大的挑戰。這個挑戰有很大的成分來自台灣本身擴張過於快速的高等教育，因此，如何創造台灣高學歷勞工的就業、如何提高勞動供給與需求者的配適、以及如何強化高學歷

勞工的勞動品質等，應該都是值得台灣社會正視的議題。此外，與歐美國家相同地，香港與台灣刻正面臨了嚴峻的年輕勞工失業問題。這些現象意謂著，不論是服務業密集的香港發展模式，或是高科技帶動成長的台灣發展模式，似乎都無法有效促進年輕人的就業機會。那麼，吾人不禁懷疑未來比較合適台港二地的經濟發展模式究竟會是如何呢？

參考書目

Acemoglu, D. (2002), "Direct Technical Change," *Review of Economic Studies*, Vol. 69, pp. 781-780.

Acemoglu, D. (1999), "Changes in Unemployment and Wage Inequality: An Alternative Theory and Some Evidence," *American Economic Review*, Vol. 89, pp. 1258-1278.

Aghion, P., Caroli, E., and Garcia-Penalosa, C. (1999), "Inequality and Economic Growth: The Perspective of the New Growth Theories," *Journal of Economic Literature*, Vol. 37, pp. 1615-1660.

Becker, Gary S. (1992), "The Adam Smith Address: Education, Labor Force Quality, and the Economy," *Business Economics*, Vol. 27, No. 1 (January), pp. 7-12.

Botero, J., Djankov, S., La Porta, R., Lopez-de-Silanes, F., and Shleifer, A. (2004), "The Regulation of Labor," *Quarterly Journal of Economics*, Vol. 119, No. 4, pp. 1339-1382.

Gindling, T. H., Goldfard, M., and Chang, C-E (1995), "Changing Returns to Education in Taiwan: 1978-91," *World Development*, Vol. 23, No. 2, pp. 343-356.

Gindling, T. H., and Sun, W. (2002), "Higher Education Planning and the Wages of Workers with Higher Education in Taiwan," *Economics of Educational Review*, Vol. 21, pp. 153-169.

Lam, K. C. and Liu, P. W. (2011), "Increasing Dispersion of Skills and Rising

Earnings Inequality," *Journal of Comparative Economics*, Vol. 39, pp. 82-91.

Lin, C. H., and Orazem, P. F. (2004), "A Reexamination of the Time Path of Wage Differentials in Taiwan," *Review of Development Economics*, Vol. 8, No. 2, pp. 295-308.

Lin, C. H., and Wang, C. H. (2005), "The Incidence and Wage Effects of Overeducation: The Case of Taiwan," *Journal of Economic Development*, Vol. 30, No. 1, pp. 31-47.

Lin, C. H., and Yang, C. H. (2009), "An Analysis of Educational Inequality in Taiwan after the Higher Education Expansion," *Journal of Social Indicators Research*, Vol. 90, pp. 295-305.

Romer, P. M. (1990), "Endogenous Technological Change," *Journal of Political Economy*, Vol. 98, No. 5 (October), pp. 71-102.

第五章

香港服務業對台中介角色的日漸重要化

林昱君、江怡慧

一、前言

　　自2008年12月起，兩岸正式邁入大三通新階段，當時雙方領導人都對外明確表示，未來有可能會簽署經濟合作架構協議（Economic Cooperation Framework Agreement, ECFA），於是兩岸關係開始出現歷史性的轉折。而兩岸關係的改善，也促進了台港關係的進展，許多過去港方有所顧忌的事，逐漸出現一些突破性發展，不僅人員往來熱絡，交流層級也日漸提升。在歷經近一年的密集磋商，台港官方的「台港經濟文化合作策進會」與「港台經濟文化合作協進會」分別在2010年5月與4月成立，6月29日兩岸簽署ECFA，接著，8月30日「策進會」、「協進會」在台北召開第一次聯席會議，2011年8月10日在香港召開第二次聯席會議。台港之間往來程度比起昔時「民間熱，官方冷」的景況實是不可同日而語。

　　多年來，基於兩岸間的特殊關係，一般大眾往往視香港的功能僅為兩岸間的「中介」定位，這樣的認知甚至達到忽略香港本

身經濟特色的程度。2011年兩岸在ECFA架構下，開始執行早收清單，可預期兩岸經貿關係更緊密發展，不過，ECFA協議的生效，意味著香港中介角色將有所衝擊。職是之故，外界難免認為，兩岸執行ECFA後，台港合作空間已退失，或甚以為，兩岸經貿直接往來之後，對台灣而言，香港還有何互補合作功能可發揮？

　　為思考台灣與香港未來的經貿合作空間，本文除了說明香港在兩岸商品貿易轉口中介功能下降之背景發展外，亦由投資面指出，台商對於立足香港、放眼大陸之服務業興趣提高，以及，香港金融及保險業對拓展台灣市場亦相當重視。

二、兩岸經港轉口貿易之演變

　　基於兩岸政治經濟的特殊背景因素，長久以來，香港一直是兩岸經貿間接聯繫過程的重要中介，尤其以物流、人流之中介角色為主，但隨著兩岸直接經貿關係的不斷發展，香港在兩岸經貿往來之中，最重要的轉口貿易中介功能日漸下滑。

（一）初期熱絡發展

　　兩岸製造業的產業分工往來，在初期階段大部分透過香港進行間接貿易，其統計資料，除了香港政府正式公布的官方「轉口貿易」統計之外，其他完整統計資料付之闕如。

自1992年鄧小平南巡、確立中國經濟往市場化發展之後，帶動投資與貿易活動不斷增加，而轉口貿易是兩岸間接貿易的一種重要方式，亦隨之蓬勃發展。由於兩岸經貿熱絡發展，可看到兩岸經香港轉口貿易總值（表1），除了1996年因受政治事件干擾，微幅下降1.4%之外，大體呈穩定成長狀態。

　　當時台灣第一次舉行總統直接選舉，大陸政府不滿前李登輝總統在美國康乃爾大學發表公開演講，因而舉行軍事演習行動，試圖影響第一次舉行總統直接選舉。此次台灣海峽飛彈危機，又稱第三次台灣海峽危機，令兩岸關係僵持。然而，在台商已掀起投資熱潮的現況下，形成「政治冷、經濟熱」之表現，兩岸經貿往來僅稍顯觀望氣氛，並不明顯影響到兩岸經港轉口貿易的走勢。

　　由表1可知，對台灣產品經香港轉口到大陸而言，1992~1996年間，除了1996年微幅負成長1.7%之外，其餘年份皆有二位數正成長。而大陸產品經香港轉口到台灣，除了1992年、1993年微幅下跌（−0.6%、−1.4%）之外，其餘年份皆維持正成長。因此，台灣在經港轉口貿易上的出超值不斷擴大，1996年為1992年的1.57倍。

（二）中後期穩定調整

　　大體而言，1997~2011年間，兩岸經港轉口貿易，根據主客觀環境之變動，可分三階段來看：

表1：歷年兩岸經香港轉口貿易金額

單位：百萬美元、%

年份	台灣經香港到大陸		大陸經香港到台灣		總計	
	金額	成長率	金額	成長率	金額	成長率
1991	4,667	—	1,126	—	5,793	—
1992	6,287	34.7	1,119	−0.60	7,406	27.8
1993	7,585	20.6	1,103	−1.40	8,689	17.3
1994	8,517	12.3	1,292	17.10	9,809	12.9
1995	9,882	16.0	1,574	21.80	11,457	16.8
1996	9,717	−1.7	1,582	0.5	11,300	−1.4
1997	9,715	−0.02	1,743	10.2	11,458	1.4
1998	8,364	−13.9	1,654	−5.10	10,018	−12.5
1999	8,174	−2.2	1,628	−1.61	9,803	−2.1
2000	9,593	17.3	1,980	21.62	11,573	18.0
2001	8,811	−8.1	1,693	−14.49	10,504	−9.2
2002	10,311	17.0	1,708	0.9	12,019	14.4
2003	11,789	14.3	2,161	26.5	13,950	16.1
2004	14,761	25.2	2,485	15.0	17,247	23.6
2005	17,055	15.5	2,634	6.0	19,690	14.2
2006	18,706	9.7	2,920	10.9	21,626	9.8
2007	21,212	13.4	2,928	0.3	24,141	11.6
2008	20,040	−5.5	2,957	1.0	22,997	−4.7
2009	18,032	−10.0	2,982	0.9	21,014	−8.6
2010	23,011	27.6	4,511	51.2	27,522	30.9
2011	24,197	5.15	6,327	40.26	30,524	10.91

資料來源：香港政府統計處。

1. 第一階段（1997~2001年）

受到1997年7月發生之亞太金融危機影響，兩岸經港轉口貿易發展出現「低迷時期」，除了2000年之外，其餘年份無論是轉

口貿易總值、台灣轉出口至大陸、大陸轉出口至台灣,均呈向下調整走勢。

2001年兩岸轉口貿易總值10,504百萬美元,僅為1997年11,458百萬美元的0.92倍(表1)。對台灣產品經香港轉出口到大陸而言,1997~2001年間,除了2000年正成長之外,其餘年份皆是負成長。而大陸產品經香港轉出口到台灣,除了1997年、2000年正成長之外,其餘年份亦是負成長。在此低迷時期,台灣在經港轉口貿易上的出超值也略下滑,2001年為1997年的0.89倍。

2. 第二階段(2002~2007年)

大陸、台灣分別在2001年12月11日、2002年1月1日正式成為WTO會員,受到WTO正面效應影響,兩岸經港轉口貿易開始出現明顯「成長時期」,轉口貿易總值幾乎皆有二位數成長。

由2007年對比2002年,分別觀察兩岸轉口貿易總值、台灣轉出口至大陸、大陸轉出口至台灣之統計(表1),發現2007年轉口貿易總值躍為2002年的兩倍,達到24,141百萬美元。其中,台灣轉出口值21,212百萬美元,為2002年的2.06倍,大陸轉出口值2,928百萬美元,為2002年的1.71倍。在此成長時期,台灣在經港轉口貿易上的出超值也上揚,2007年為2002年的2.13倍。

3. 第三階段(2008年迄今)

2007年下半年至2008年間,因全球金融海嘯衝擊,兩岸經港轉口貿易發展出現另一波「低潮時期」,除了大陸產品經香港轉口到台灣呈持平走勢外,兩岸轉口貿易總值、台灣轉出口至大陸,均向下滑落。但2010年後,受到全球景氣復甦、上年基期值

較低之影響，兩岸轉口貿易出現大幅成長，其中，不大受金融海嘯衝擊之大陸轉出口至台灣貿易值，成長甚至超過50%。

由2011年對比2008年，分別觀察兩岸轉口貿易總值、台灣轉出口至大陸、大陸轉出口至台灣之統計（表1），發現2011年轉口貿易總值達到30,524百萬美元，為2008年的1.33倍。其中，台灣轉出口值24,197百萬美元，為2008年的1.21倍，大陸轉出口值6,327百萬美元，為2008年的2.14倍。在此成長時期，台灣在經港轉口貿易上的出超值則較前期略下滑，2011年為2008年的1.05倍。

（三）兩岸經港轉口貿易呈下滑後持穩之勢

由於兩岸海關對於彼此之雙邊貿易統計有其差異歷史背景，以下分別利用台灣海關、大陸海關所統計的兩岸貿易資料，觀察兩岸經港轉口貿易之中介地位演變。統計數據顯示，在兩岸愈來愈多直接經貿往來後，經香港轉口貿易大幅下滑，然而，基於經港轉口畢竟有其利基，該趨勢呈下滑後持穩之現象。

首先，觀察兩岸經港轉口貿易總值之變化（表2），可知若根據台灣海關所統計的兩岸貿易金額，可看到兩岸經港轉口貿易總值佔兩岸貿易的比重逐年大幅下滑，其中，2002年（大陸加入WTO後首年），該比重為67.17%，2011年更跌至25.12%。另一方面，若根據大陸海關統計的兩岸貿易金額，兩岸經港轉口貿易佔兩岸貿易的比重，也呈現逐漸下滑趨勢，但變動幅度較小，

表2：歷年兩岸經香港轉口貿易之演變

單位：百萬美元、%

年份	台灣經香港到大陸				大陸經香港到台灣				總計			
	金額	成長率	比重（a）	比重（b）	金額	成長率	比重（a）	比重（b）	金額	成長率	比重（a）	比重（b）
1991	4,667	—	—	—	1,126	—	—	—	5,793	—	—	—
1992	6,287	34.7	—	—	1,119	-0.6	—	—	7,406	27.8	—	—
1993	7,585	20.6	—	—	1,103	-1.4	—	—	8,689	17.3	—	—
1994	8,517	12.3	—	—	1,292	17.1	—	—	9,809	12.9	—	—
1995	9,882	16	2,624.00	66.84	1,574	21.8	50.92	50.81	11,457	16.8	330.38	64.07
1996	9,717	-1.7	1,558.82	60.06	1,582	0.5	51.70	56.46	11,300	-1.4	306.80	59.53
1997	9,715	-0.02	1,550.80	59.12	1,743	10.2	44.52	51.31	11,458	1.4	252.28	57.78
1998	8,364	-13.9	1,002.10	50.10	1,654	-5.1	40.24	42.78	10,018	-12.5	202.59	48.73
1999	8,174	-2.2	322.22	41.84	1,628	-1.61	35.97	41.20	9,803	-2.1	138.79	41.73
2000	9,593	17.3	227.46	37.62	1,980	21.62	31.82	39.29	11,573	18	110.85	37.90
2001	8,811	-8.1	185.68	32.22	1,693	-14.49	28.69	33.85	10,504	-9.2	98.66	32.47
2002	10,311	17	103.68	27.08	1,708	0.9	21.49	25.92	12,019	14.4	67.17	26.90
2003	11,789	14.3	55.05	23.88	2,161	26.5	19.72	23.97	13,950	16.1	43.09	23.90
2004	14,761	25.2	43.40	22.79	2,485	15	14.90	18.34	17,247	23.6	34.02	22.02
2005	17,055	15.5	41.72	22.85	2,634	6	13.22	15.91	19,690	14.2	32.38	21.59
2006	18,706	9.7	38.69	21.47	2,920	10.9	11.91	14.08	21,626	9.8	29.68	20.05
2007	21,212	13.4	36.25	21.00	2,928	0.3	10.53	12.47	24,141	11.6	27.97	19.40
2008	20,040	-5.5	31.74	19.40	2,957	1	9.49	11.42	22,997	-4.7	24.39	17.80
2009	18,032	-10	35.42	21.04	2,982	0.9	12.29	14.57	21,014	-8.6	27.95	19.79
2010	23,011	27.6	31.73	19.90	4,511	51.2	12.61	15.22	27,522	30.9	25.42	18.94
2011	24,197	5.15	30.97	19.37	6,327	40.26	14.59	18.04	30,524	10.91	25.12	19.08

註：a表示由台灣海關資料計算所而得；b表示由大陸海關資料所計算而得。
資料來源：本研究整理。

2002年該比重為26.9%，2011年跌至19.08%。

其次，台灣產品出口到大陸貿易方面（表2），若根據台灣海關所統計的貿易金額當作分母，以台灣轉出口至大陸的金額當作分子所求出之比重變化，可知2000年以前該比重明顯呈直線銳跌向下走勢，而連著數年降幅趨緩後，2006年起該比重持平於35%附近，2009年、2010年、2011年比重分別為35.42%、31.73%、30.97%。另一方面，若改由大陸海關所統計的貿易金額當作分母所求出之比重變化，可知，2002年（大陸加入WTO後首年）該比重跌破30%，為27.08%，爾後，2006年起該比重持平於20%附近，2009年、2010年、2011年比重分別為21.04%、19.9%、19.37%。

最後，大陸產品出口到台灣貿易方面，若根據台灣海關統計的貿易金額當作分母，以大陸轉出口至台灣的金額當作分子所求出之比重變化，可知自2001年該比重跌破30%後，接著逐漸下降，直到2006年起該比重持平約為12.5%，2009年、2010年、2011年分別為12.29%、12.61%、14.59%。另一方面，若改由大陸海關統計的貿易金額當作分母所求出之比重變化，可知2002年該比重跌破30%之後，2006年起該比重持平於15.5%左右，2009年、2010年、2011年分別為14.57%、15.22%、18.04%。

因此，根據前述分別由台灣海關、大陸海關的觀察角度，比較台灣轉出口至大陸、大陸轉出口至台灣，佔兩岸貿易的比重，發現其比重雖有異，但變動趨勢差不多，皆呈現初期經港轉口貿易顯著下滑後，於2006年起呈持穩之走勢，暗示兩岸經港轉口貿

易有其必要性。其原因，除了香港臨近台商聚集的珠江三角洲，具地利之便外，更重要的是，隨著大陸市場之熱絡發展使經港轉口有其利基，促得其他原本可直接貿易的國家也會利用經港轉口貿易，造就香港轉口貿易持續發展。

三、台港產業之合作情勢

（一）台商愈加利用香港服務業優勢

香港特區政府的經濟策略是營造有利的營商環境，打造香港成為國際金融中心，並加強香港作為地區總部、區內貿易、物流、航運、航空及旅遊等多方面的樞紐地位，致力推廣服務業的發展。香港經濟結構歷經蛻變，服務業迅速擴展，服務業佔香港本地生產總值的比重（表3），已由2000年的87.2%增至2010年的92.9%，服務業對GDP貢獻度超過九成，尤以金融業為翹楚產業，其國際金融中心的地位，僅遜於倫敦、紐約，居全球第三。

令外界矚目的是，2010年2月匯豐集團（HSBC）[1]把行政總裁的辦公室從倫敦遷移至香港，行政總裁決定常駐香港，以及摩根大通（J. P. Morgan）[2]把銀行部門的國際事務所從紐約逐漸轉移到香港。外界藉由觀察國際金融集團戰略部署的改變，除了瞭解其因應大陸經濟崛起之勢而將軸線東移外，可明顯看出國際金

---

1 匯豐集團（HSBC）網站：http://www.hsbc.com.hk/1/2/chinese/home。
2 摩根大通（J. P. Morgan）網站：http://www.jpmorgan.com/pages/jpmorgan。

表3：香港主要產業佔本地生產總值之比重

單位：%

年度	農業、漁業、採礦及採石業	製造業	電力、燃氣和自來水供應及廢棄物管理業	建造業	服務業	本地生產總值
2000	0.1	4.8	3.0	4.9	87.2	100.0
2001	0.1	4.2	3.1	4.6	88.0	100.0
2002	0.1	3.6	3.3	4.2	88.8	100.0
2003	0.1	3.2	3.3	3.7	89.7	100.0
2004	0.1	3.1	3.2	3.2	90.5	100.0
2005	0.1	2.9	3.0	2.9	91.2	100.0
2006	0.1	2.7	2.8	2.7	91.7	100.0
2007	0.1	2.0	2.6	2.6	92.8	100.0
2008	0.1	1.9	2.5	3.0	92.5	100.0
2009	0.1	1.8	2.3	3.2	92.6	100.0
2010	0.1	1.8	2.0	3.3	92.9	100.0

資料來源：香港政府統計處。

融集團看好香港在擴展區內市場之金融中心地位。

　　值得一提的是，大陸自2009年大力強調「內需導向」經濟發展方針後，觀察2000~2011年台商在香港設立區域總部之變化，根據香港政府統計處之資料（表4），2010年台商在香港設立區域總部的數目突然較往年迅速提升，可證明台商也看好進駐香港的商機優勢。2000年台灣駐香港地區總部數目有21家，佔全體駐

表4：2000-2011年台商在香港設立區域總部之變化

單位：家數、%

年	台灣		中國大陸		駐港地區總部數目
2000	21	2.46%	69	8.07%	855
2001	22	2.33%	70	7.42%	944
2002	21	2.22%	96	10.13%	948
2003	18	1.86%	84	8.70%	966
2004	29	2.64%	106	9.65%	1,098
2005	33	2.83%	107	9.17%	1,167
2006	28	2.28%	112	9.12%	1,228
2007	28	2.25%	93	7.46%	1,246
2008	26	2.00%	95	7.32%	1,298
2009	19	1.52%	96	7.67%	1,252
2010	30	2.33%	99	7.70%	1,285
2011	22	1.64%	97	7.24%	1,340

資料來源：香港政府統計處、本研究自行計算。

香港地區總部比重為2.46%，此後逐年提升，2008年金融海嘯時期台灣駐香港地區總部數目仍有26家，但由於增幅相對低於其他地區，佔全體駐香港地區總部比重跌為2%。2010年以後受惠於總體負面震盪好轉，台商駐港總部突增至30家，2011年則稍降至22家。

　　若觀察2000~2011年台商在香港設立地區辦事處之變化（表5），可知在香港地區辦事處家數呈現成長趨勢，顯示台商對於香港地區重視程度之深化。2000年，台商在香港設立地區辦事處為113家，佔整體的5.27%。隨後，到了2007年突破150家，達到

155家,佔整體的5.86%。2010年辦事處設立之家數與比重均達到高峰,達到184家,佔整體的7.82%,2011年台商設立辦事處增幅趨緩為175家,佔整體比重略降為7.26%。

根據香港政府統計處及投資推廣署最新的調查報告顯示[3],台商在香港經營業務方面,業務範圍順序主要包括「進出口貿易、批發及零售」、「專業、商業及教育服務業」、「金融及銀行」、「運輸及倉儲服務業」等,顯示台商對於香港服務業之重視程度。

表5:2000-2011年台商在香港設立當地辦事處之變化

單位:家數、%

年度	台灣		中國大陸		駐港地區辦事處數目
2000	113	5.27%	160	7.46%	2,146
2001	142	6.19%	172	7.50%	2,293
2002	121	5.57%	170	7.83%	2,171
2003	111	4.95%	148	6.60%	2,241
2004	128	5.10%	156	6.21%	2,511
2005	133	5.06%	160	6.08%	2,631
2006	149	5.69%	156	5.96%	2,617
2007	155	5.86%	152	5.75%	2,644
2008	158	6.11%	128	4.95%	2,584
2009	138	5.93%	127	5.46%	2,328
2010	184	7.82%	162	6.88%	2,353
2011	175	7.26%	151	6.26%	2,412

資料來源:香港政府統計處、本研究自行計算。

---

3 香港政府統計處,2011年「海外公司駐香港的地區代表按年統計調查報告」。

（二）香港金融及保險業也重視拓展台灣市場

　　若根據台灣投審會公布的數據（表6），觀察近年香港對台灣直接投資之產業，可發現，如果沒有發生金融海嘯重創全球金融業，造成香港來台投資的衰退，事實上，在2008~2009年金融及保險業已居香港對台投資的首位，且發展迅速、金額相當高，由此可看出，香港金融及保險業對拓展台灣市場的重視。2010~2011年，金融及保險業金額與比重則明顯下跌。

　　2008年香港對台投資金額最高的前三大：「金融及保險業」為首位（186,397千美元），比重相當高，達49.51%，約佔所有投資的半數，令人注意的是，當年該行業之投資金額成長率達286.97%。「批發及零售業」仍維持與2007年相同的第二位，投資金額為129,445千美元，比重為34.38%，前兩名行業之比重合計已達83.89%。第三位則為2007年投資首位的「製造業」，金額為25,275千美元，比重為6.71%，與第二位之比重相差相當懸殊。

　　2009年時，「金融及保險業」仍維持香港對台灣直接投資首位，比重甚至上升至高達64.33%，投資金額為178,402千美元。第二名則改為「其他服務業」，投資金額為36,274千美元，比重與第一名相差甚多，為13.08%，前兩名行業之比重和已達77.41%。第三位仍為「製造業」，投資金額為20,007千美元，比重升至7.21%。

　　然而，金融業受創之後，2010年時，香港對台灣直接投資首

表6：香港對台灣直接投資之主要產業變化

單位：美金千元、%

年度 產業別	2007 金額	2007 比重	2008 金額	2008 比重	2009 金額	2009 比重	2010 金額	2010 比重	2011 金額	2011 比重
合計	209,254	100.00%	376,492	100.00%	277,313	100.00%	168,373	100.00%	398,953	100.00%
製造業	72,634	34.71%	25,275	6.71%	20,007	7.21%	97,505	57.91%	291,240	73.00%
批發及零售業	56,434	26.97%	129,445	34.38%	19,450	7.01%	12,653	7.51%	39,606	9.93%
運輸及倉儲業	13,751	6.57%	5,944	1.58%	12,420	4.48%	5,326	3.16%	2,448	0.61%
資訊及通訊傳播業	2,950	1.41%	9,400	2.50%	1,057	0.38%	6,765	4.02%	1,776	0.45%
金融及保險業	48,168	23.02%	186,397	49.51%	178,402	64.33%	14,962	8.89%	34,728	8.70%
不動產業	3,710	1.77%	4,388	1.17%	4,307	1.55%	17,455	10.37%	7,377	1.85%
專業、科學及技術服務業	865	0.41%	586	0.16%	214	0.08%	5,560	3.30%	13,863	3.47%
支援服務業	330	0.16%	26	0.01%	1,511	0.54%	441	0.26%	1,885	0.47%
其他服務業	154	0.07%	5,794	1.54%	36,274	13.08%	6,210	3.69%	4,546	1.14%

資料來源：台灣經濟部投資審議委員會、本研究自行整理。

位又回到與2007年首位相同的「製造業」，投資金額為97,505千美元，比重為57.91%。第二名則為「不動產業」，投資金額為17,455千美元，比重則為10.37%。第三名為由前兩年首位降下來之「金融及保險業」，投資金額為14,962千美元，比重跌為8.89%。2011年香港對台投資金額最高的前三大：「製造業」為首位（291,240千美元），比重明顯升至73.00%。第二位為「批發及零售業」，投資金額39,606千美元，比重略升為9.93%，且當年該行業之投資金額成長率達213.02%。第三位則為「金融及保險業」，投資金額回升為34,728千美元，比重略降為8.70%。

四、台港合作之研究建議

ECFA簽署後，隨著兩岸關係的改善，可預期台港關係亦將出現突破性進展，尤其，在官方的「策進會」、「協進會」成立之後，台港往來的平台更順暢，透過正式聯席會議，探討未來台港間進行合作的新領域，以深化台港實質關係，可相信未來雙方經貿發展的機會與空間相當可觀，尤其是在雙方軟實力逐漸增強的服務業。

2011年7月15日起，「台北經濟文化辦事處」取代「中華旅行社」，正式以「官式身分」升格之後，在2011年8月10日台港召開第二次聯席會議的隔日，8月11日香港方面宣布，自9月1日起，持有台胞證的台灣居民無需申領額外任何手續，即可由原本入境香港七天延長為三十天，此外未持台胞證的台灣居民亦可在

網上免費申請赴港簽證，雖尚未達「免簽證」程度，但此舉可看到香港為促進台港兩地的交流，正逐漸提出便利的措施。

不過，未來如何與香港互補合作方能發揮對台灣最大效益，值得各專業領域深入研究。在諸多有待深入研究與釐清的台港經貿議題中，本文以拋磚引玉的立場，指出香港在兩岸商品貿易之中介功能雖然下降，但倚重香港服務業特長之功能，逐漸被重視之趨勢。

香港對台灣企業而言，其實已跨越純粹製造業中介角色之侷限，不少台商亦借著香港服務業的早期發展優勢，「立足香港、放眼大陸」。換言之，在兩岸經貿直接往來之後，香港的中介地位雖有轉變與調整，但其本身具有的國際化優勢功能仍然存在，而這也是未來台港值得合作之焦點。

在近期新一波人民幣國際化步伐加速之際，香港被視為最適宜的人民幣離岸市場，但從中經網引述2011年元月香港匯豐銀行公布的一項調查發現，雖有50%受訪企業計畫未來五年內在香港設立更多分支機構來開展業務，另有36%受訪企業則計畫在台灣開設分支機構，顯示台灣金融機構的潛在商機也不小，亦應積極關注與掌握人民幣跨境貿易金融服務市場之動態發展，並探討與香港合作之互補性發展。加上，大陸於2011年開始執行的「十二五規劃」強調刺激「內需型」經濟發展，顯示未來台商借用香港的服務業優勢功能，以提升營運效率、擴展大陸市場之台港合作機會與空間亦相當大。

參考書目

台灣經濟部投資審議委員會網站：http://www.moeaic.gov.tw/system_exter-nal/ctlr?PRO=FrontPage。

香港政府統計局網站：http://www.censtatd.gov.hk/。

匯豐集團（HSBC）網站：http://www.hsbc.com.hk/1/2/chinese/home。

摩根大通（J. P. Morgan）網站：http://www.jpmorgan.com/pages/jpmor-gan。

【第三篇　台港二地之管理模式】

第六章

企業溝通模式：台灣、香港、美國三地公關策略[*]

黃懿慧

一、研究背景

　　傳播學界中許多學者（Miike, 2007; Kim, 2007）皆提出傳播研究因受限於西方文化之理論預設，而產生理論不適性的問題。舉例而言，Miike（2007）指出「歐洲中心」包含了一系列預設前提：個性和獨立，自我為中心，自我增值，理智和理性，權利和自由，以及務實態度和唯物主義。Jia（2000）也強調，中國學術界過度依賴西方研究傳統，因而容易產生以下之西方式偏見：二分思維，線性思維，個人主義，缺乏宏觀、歷史和道德視角，忽略中國本土概念（如：仁，義，禮，智等），以及對中國傳播現象的普遍漠視（Jia, 2000: 148-152）。

　　公共關係學術研究也面臨與傳播學界相同的問題（Choi & Cameron, 2005; Curtin & Gaither, 2005; Pompper, 2005），在過去

---

[*] 本文摘錄以下會議論文的部分研究發現：黃懿慧（2010，5月），〈「關係」相關的實踐與資訊中介傳播之跨文化研究〉（A Cross-cultural study on guanxi (relationship)-related and mediated-focused communications）。第八屆傳播與大眾媒體國際年度會議，希臘雅典。

二十八年裡，公關研究中甚少有文獻含括對種族、民族和文化差異性的討論（Pompper, 2005）。因此學者們呼籲，傳播與公共關係研究需要更多具「文化和情境敏感度」之見解（Corley, Harquail, Pratt, Glynn, Fiol, & Hatch, 2006; Miike, 2007; Whetten, 2009），以及應更著重對全球化與在地化的雙元探討（global implications and indigenous investigation）（Choi & Cameron, 2005; Curtin & Gaither, 2005; Pompper, 2005）。

在公共關係的實際作業上，何種傳播模式可為全球普遍適用？這一直是學者們津津樂道的話題。Grunig（1992）曾提出四種公共關係模式：新聞代理模式，公共資訊模式，雙向對等模式和雙向不對等模式，這四種模式在學界廣受重視及討論（如Huang, 2000, 2001, 2004a; Sriramesh & Vercic, 2001等）。在此基礎上，以下問題則值得進一步探討：這些模式可否反映日常工作中實際情況？這四種溝通模式是否為美國情境所專有，還是全球普遍適用？同樣的，廣義上的「社交活動」與狹義上的「關係運作」是華人情境所專有？還是全球所共有？再者，若關係模式在西方國家也存在，那麼，在多元文化情境中，它們又出現哪些相同與相異之處？

本文的研究目的在於通過對美國、香港與台灣788名公共關係專業人員的調查，希冀了解相對西方的傳播模式，「關係策略」在台灣、香港和美國企業中的使用程度為何？

此外，也期望整合香港與台灣這兩個華人社會的公共關係模式，與美國之實證資料，進行跨地域、跨文化的比較研究，進而

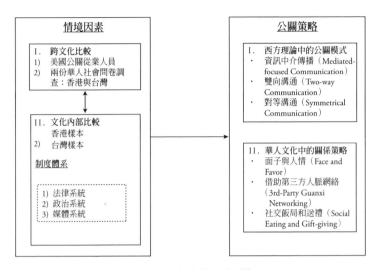

<table>
<tr><td>

情境因素

I. 跨文化比較
1) 美國公關從業人員
2) 兩份華人社會問卷調查：香港與台灣

↕

II. 文化內部比較
   香港樣本
2) 台灣樣本

制度體系

1) 法律系統
2) 政治系統
3) 媒體系統

</td><td>

公關策略

I. 西方理論中的公關模式
· 資訊中介傳播（Mediated-focused Communication）
· 雙向溝通（Two-way Communication）
· 對等溝通（Symmetrical Communication）

II. 華人文化中的關係策略
· 面子與人情（Face and Favor）
· 借助第三方人脈網絡（3rd-Party Guanxi Networking）
· 社交飯局和送禮（Social Eating and Gift-giving）

</td></tr>
</table>

圖1：研究之概念架構

提出具普世性的傳播理論。圖1描繪了此次研究中概念與方法的整體框架，並羅列調查中的研究變項。

通過從情境因素和公關策略上的多面向及多變項測試，本研究期望建立以下四個方面之貢獻：

首先，本研究考量東、西方文化因素，嘗試對比以「資訊中介傳播」為主的西方公關模式與華人文化中的「關係策略」之使用情形。

其次，本研究嘗試將法律、政治、媒體系統等因素作為可能的情境解釋變量，來探究香港和台灣公關策略使用之異同。中國傳統文化與現代體制的衝擊與互動是值得深思的問題；近年來，體制結構的改變，如香港的法律制度（廉政公署），台灣華人社

會的經濟發展，都可能對商業交易中「面子與人情」——這一個社會慣例造成重大影響。因此，在香港與台灣這兩個華人社會裡，人情與面子之使用又有何不同？在怎樣的政治和社會制度影響下，公共關係模式會出現相似或不同之面貌？

第三，因為現有文獻中鮮有經驗資料反映公關從業者本身的觀點，此文希望對來自不同文化背景公關從業者的調查可以彌補這一缺陷。

第四個方面則與中國獨特的社會文化相關，本研究希冀回應Andrew Kipnis（1997）倡議的「應對關係策略進行持續而全面的調查」論點，通過探究面子與人情，借助第三方人脈網絡，社交飯局和送禮等關係策略，了解它們象徵的文化概念以及背後蘊藏的複雜社會現象（Gold, Guthrie & Wank 2002, p. 17）。通過三個獨立樣本的數據分析結果，加深對「關係」以及「面子與人情」等概念的理解。

二、理論回顧

本文首先回顧現時北美文獻中的公共關係策略，接著討論西方以及華人情境下關於關係策略的共通與差異之處。

（一）西方理論中的公關模式

Grunig在1992年曾提出以下四種溝通模式：新聞代理模式

（press-agent model），公共資訊模式（public information mo-
del），雙向對等模式（two-way symmetrical model）與雙向不對
等模式（two-way asymmetrical model）（Grunig, 1992）。這四種
模式在學界已有廣泛的辯證和實證支持，如J. Grunig, L. Grunig
與 Dozier（1995）曾證實新聞代理模式在三個非北美國家頗為流
行。Huang（2004a, 2006b）對於台灣樣本的調查則指出公共關
係作業出現以下三種模式：1）雙向對等溝通模式，2）資訊中介
傳播，以及3）社交活動。

雙向溝通模式源於J. Grunig與 Hunt (1984) 提出的「方向」
概念。他們認為溝通模式可分為「單向」和「雙向」兩種。雙向
溝通表示以「對話」來互換資訊，而單向溝通意味著以「獨白」
散播資訊。單向溝通和雙向溝通之間的區別在於溝通進程中的
「回饋」形式，McQuail（1994）則強調溝通活動中之「回饋」
可以任何形式，並可能來自溝通中的任何一方。

對等溝通模式最初源於J. Grunig和他的同事對「傳播目的」
的考察。本質上，「目的」決定了溝通模式是對等還是非對等。
對等溝通模式在於平衡與調整組織和公眾間關係。相比之下，非
對等模式下組織與公眾是非對等的，組織企圖改變公眾而不願自
我改變。

相對於「人際傳播」，**「資訊中介傳播」**的關鍵在於溝通渠
道著重於大眾傳播媒體（Huang, 2004b）。「人際傳播」往往指
面對面交流的公關活動；而「資訊中介傳播」則通過大眾媒介，
如電視、廣播、報紙、專業雜誌或電視台等作為傳播管道。因

此，為了區分「人際傳播」與「資訊中介傳播」這兩個概念，本文採用Huang（2004b）的定義，認為前者專指面對面溝通行為，而後者則表經由大眾傳播媒介進行的傳播模式。

（二）華人文化中的關係策略

關係和關係策略一直以來被認為是理解華人社會行為的核心概念（Chen & Chung, 1994; Hwang, 1987; King, 1985；Leung, Wong & Wong, 1996; Liang, 1987; Wen, 1988）。在漢語中，「關係」的涵義比英文表達更為廣博。對於「關係」一詞，英文翻譯包括：關係／連結，個人網絡（Mitchell, 1969），網路組織（Kapferer, 1969），和特定聯繫（Jacobs, 1979）。Bian（2005）則將「關係」定義為「一種獨特或特定的，雙元的，可促進各方良好交流的情感紐帶」（p. 312）。

Luo（2000）對「關係」進行較為全面的考量，描述了其六個特徵：1）本質上，「關係」是一種效用的概念，即雙方通過人情交換而不是感情來建立聯繫；2）它是基於互惠性質的人情交換；3）它可在不同利益關係人間進行轉讓；4）它是高度個人化的概念；5）它是長期導向的；6）它是一種可被視為關係資本存貨的無形資產，並可根據及時需要被兌現。Luo（2000）認為，關係的基本要素包括互惠、信任、尊重和社會地位。基於上述討論，本研究結合「面子與人情」、「借助第三方人脈網絡」、「社交飯局和送禮」這三個社交因素來討論關係策略。

面子與人情：「面子」和「人情」突顯著東方社會人們互動的特質，它們亦反映了關係的核心特徵（Luo, 2000）。「面子」可以被定義為個人的尊嚴、尊重、榮譽和名譽，或簡單地說是一種公開身分（Goffman, 1959）。面子亦包含兩種類型：道德面和社會面（Huang, 2006）。在中國社會互動和衝突中，人們通過表示尊重來維護（或加強）臉面，或在公共場合避免尷尬來保存臉面，如在別人面前「作子」（Leung & Chan, 2001）或「給面子」（Redding & Ng, 1982）。對於「人情」（恩惠）的定義，Foa和Foa（1976）則提出了十分貼切的描述：具體性和特殊性是「人情」這種可交換資源的兩重內在屬性。人情包含的不僅有具體的實物如金錢、貨物或服務，而且含有抽象的感情成分。此外，人情是建立在持續的和長期的互惠基礎之上。

總之，面子和人情通常被認為是用於改變談判、衝突，或在其他資源配置情境下平衡權力的物質交換資源。這種相互交換的人情與面子往往是難以計算和清償的（Hwang, 1987）。

借助第三方人脈網絡：Hwang（1987）建立的「面子與人情模型」指出，在社會機構控制和分配資源既定的情況下，個人常可採用面子與人情策略來增強其社會聲響。Hwang（1987）指出，在中國傳統社會裡，人們傾向採用與關係有關的策略，例如：拉關係（pull connection）、搞關係（work connection）作為規避社會等級制度（如種族、階級和性別）的溝通模式。

社交飯局和送禮：中國傳統觀點認為，送禮和社交飯局是人們表達相互價值與尊重的活動。一方面，送禮、社交飯局或宴

會，可開發和加強人際關係。如Hwang（1987）即指出中國社會往往通過一系列的禮物交換、共享飯局以及社交拜訪來與熟人維持聯絡及交情；另一方面，這些社會元素也清楚地呈現出人際間的義務、債務以及恩惠交換等特性（Yang, 1994）。

綜上所述，西方與華人情境下對於「關係」這個概念的定義及其本質的理解，體現了中西方文化的共通與差異性。然而，文獻中致力於文化、地區間異同的比較研究卻相對缺乏，因此，本文提出以下研究問題與假設。

（三）研究問題：相較於西方傳播模式，美國、香港和台灣關係策略的使用程度為何？

假設1：當情境愈西化，西方傳播模式的使用頻率和程度愈高。因此，在美國，西方傳播模式的使用程度比在香港與台灣都高，另外，香港對西方傳播模式的使用頻率和程度高於台灣（美國＞香港＞台灣）。

假設2：當情境愈受華人文化影響，且缺乏嚴格的法律體系和執行機制時，關係使用的頻率和程度愈高（Guthrie, 1998）。據此，關係在台灣的使用程度高於在香港和美國，此外，香港的關係策略使用頻率與程度高於美國（台灣＞香港＞美國）。

三、研究方法

本研究通過線上問卷調查的方式，搜集了來自美國、香港及台灣三地的樣本資料。

樣本一：美國公關協會（PRSA）

研究者以郵件形式向美國公共關係協會（PRSA）隨機抽取的3,000名受訪者發出了邀請，共有225份有效問卷。

樣本二：香港公共關係（HKPR）

2008年，研究人員邀請香港專業公關公司以及500強企業的公關從業人員參與了此次調查，共收集203份有效問卷。

樣本三：台灣公共關係

來自台灣公關公司和500強企業的326名公關從業人員如實作答了問卷。其中70%的公關從業人員來自企業內部，30%人員來自專業公關公司。近70%參與者在500強公司有六年以下工作經驗，73%參與者有四年以下工作經驗。他們的平均年齡為36.61歲，61%為女性。絕大多數從業人員持有本科學歷（66%），25%的從業人員有碩士以上學歷。

（一）問卷測量

在填寫有關公關策略的問卷前，受訪者須閱讀以下說明：「公關人員經常針對目標對象，進行各類型的公共關係活動（或溝通活動）。請您就實際的情形，回答下列問題」。在調查問卷中，利開特式量表（Likert-type scale）分為：1）從不，2）極少，3）有時，和4）經常。

問卷使用以下三個項目測量**資訊中介傳播**（mediated-focused communication）：1）發新聞稿、開記者會；2）提供代表公司（或客戶）立場的資訊；3）使用大眾傳播媒介，如電視、廣播、報紙等傳遞訊息。**雙向溝通**（two-way communication）通過以下兩個問題測量：1）在執行溝通作業之前，會進行調查研究以了解對方的意見；2）在互動過程中，會試圖了解對方的意見及建議。**對等溝通**（symmetrical communication）則採用以下三個問題測量：1）作公關決策時，徵詢受決策影響的個人或單位的意見；2）進行公共關係作業，會顧及其對社會大眾可能產生的負面影響；3）在公關作業中，會同時考量溝通對象與本公司（或客戶）的意見與立場。

同時，基於Huang（2004a）的社交活動量表，本研究提出以下十個項目測量**「關係」**（guanxi）或者**「關係策略」**（relationship strategy）：1）舉辦公司（或客戶）層級的聯誼或參訪活動，如：公司聚餐、旅遊等；在工作閒暇之餘或假日與對方餐敘、打球；2）以公司（或客戶）名義送應酬品、紀念品；3）在特定節日以公司（或客戶）名義送花、卡片或送禮；4）利用公司（或客戶）的關係網絡，如：經銷商、關係企業，或策略聯盟，協助完成工作；5）使用公司主管（或客戶）的人際關係，協助完成工作；6）透過關係，拉近與目標對象的交情；7）透過關係，認識一些對工作有幫助的人；8）在工作職權範圍內，作個順水人情給對方，給予幫忙；9）在工作職權範圍內，在某些特定場合，給對方作面子或撐場面；10）使用自己的人脈關係，

協助完成工作。

（二）問卷建構

本研究同時準備了問卷的中、英文版本，並通過以下四個步驟來確保文字翻譯的恰當與準確性：1）首先，中文版本翻譯成英文之問卷經過精通中英雙語之編輯審閱；2）之後，該英文版本問卷再度被回譯為中文，以確保其文字的準確性。之後，英文問卷施測於前測預調研；3）預調研中，研究員對問卷中發現的問題進行修正；4）最後，編輯使用「去中心化方法」（decentering process），對原文以及譯版同時進行調整（Brislin, 1980）以確保對概念的恰當翻譯。經過以上四個步驟，問卷才得以定稿。

四、研究發現

本研究中的公共關係模式量表在三個樣本中的信度值大多接近甚至超過標準數值0.70，構念信度與跨文化適用性具可接受的水準。

首先，在美國樣本中，「主成分因素分析」（principal components factor）萃取出五個因素，包括資訊中介傳播、雙向對等溝通、社交活動、網絡—個人和組織、與借助第三方人脈網絡。這五個因素之「克隆巴赫係數」（Cronbach's alpha）分別為 0.60,

表1：三樣本之平均值，標準差，信度與可解釋變異量

數據組	因素	項目編號	次序	平均值	標準差	信度（α）	可解釋變異量（%）
美國（N=225）	資訊中介傳播	3	2	3.38	0.57	0.6	10.44
	雙向對等溝通	5	1	3.64	0.42	0.69	13.04
	社交活動	5	5	2.62	0.72	0.8	15.76
	網絡－個人和組織	3	3	3.24	0.62	0.63	11.87
	借助第三方人脈網絡	2	4	3.22	0.84	0.87	11.39
香港（N=203）	資訊中介傳播	3	1	3.37	0.62	0.56	10.51
	雙向對等溝通	5	2	3.32	0.53	0.78	14.87
	個人層次之面子與人情	4	4	2.63	0.59	0.73	12.44
	網絡－組織層次與借助第三方人脈網路	4	3	3.02	0.63	0.77	14.88
	送禮	2	5	2.65	0.77	0.77	8.7
台灣（N=326）	資訊中介傳播	3	3	3.24	0.75	0.81	13.61
	雙向對等溝通	5	1	3.58	0.42*	0.73	13.9
	個人層次之面子與人情	4	5	2.81	0.61	0.79	15.13
	組織層次之人脈網絡與送禮	4	4	2.96	0.66	0.75	11.94
	借助第三方人脈網絡	2	2	3.44	0.63	0.83	9.69

註：* p < 0.05

0.69, 0.80, 0.63 和0.87。與美國樣本一樣，使用「方差最大旋轉法」(varimax rotation) 與「主成分因素分析」（principal components factor），香港和台灣的樣本資料也都成功萃取出五個因素。香港與台灣樣本的信度測試結果亦達可接受水準（見表1）：樣本二中五個因素的「克隆巴赫係數」分別為0.56, 0.78, 0.73, 0.77和0.77；樣本三中五個因素的「克隆巴赫係數」分別為0.81, 0.73, 0.79, 0.75和0.83。

（一）假設驗證──假設1

結果顯示：無論樣本所在區域，以西方理論為基礎發展出的傳播溝通策略，如：資訊中介傳播（mediated-focused communication）與雙向對等溝通（two-way symmetrical communication），都比關係策略（guanxi strategies），更為普遍存在於三個樣本中。

在美國樣本中，公關從業人員自我評估了他們常使用的策略，對這些策略使用的頻率進行了排序（見表1）：其中最常使用的是「雙向對等溝通」（M = 3.64，SD = 0.42）與「資訊中介傳播」（M = 3.38，SD = 0.57），其次是「網絡」（network）（M = 3.24，SD = 0.62）以及「借助第三方人脈網絡」（third-party guanxi leveraging）（M = 3.22，SD = 0.84），最少使用的是「社交活動」（social activities）（M = 2.62，SD = 0.72）。

香港公關從業人員使用的公關策略之排序（見表1）：使用

最頻繁的是「資訊中介傳播」（M = 3.37，SD = 0.62），接著「雙向對等溝通」（two-way symmetrical communication）（M = 3.32，SD = 0.53），然後是「網絡－組織層次」（networking-organizational）以及「借助第三方人脈網絡」（M = 3.02，SD = 0.63），「送禮」（gift-giving）（M = 2.65，SD = 0.77），以及「個人層次之面子與人情」（personal face and favor）（M = 2.63，SD = 0.59）。

台灣樣本顯示公關從業人員最常使用的公關策略是：「雙向對等溝通」（M = 3.58，SD = 0.42），其次是「借助第三方人脈網絡」（M = 3.44，SD = 0.63），「資訊中介傳播」（M = 3.24，SD = 0.75）與「組織層次之人脈—網絡與送禮」（organizational guanxi-network and gift-giving）（M = 2.96，SD = 0.66），最後才是「個人層次之面子與人情」（M = 2.81，SD = 0.61）。

因此，假設1（當情境愈趨向西化，西方傳播模式的使用頻率和程度愈高。因此，西方傳播模式在美國的使用程度比在香港高，而香港則比台灣高）基本得到了支持。在三個樣本中，美國樣本對於西方傳播模式的使用頻率與程度最高。

（二）假設驗證——假設2

在控制了性別、年齡以及公關工作年數三個協變數後，單向ANOVA分析顯示（見表2）：「資訊中介傳播」的使用在三個樣本中並無顯著差異（F = 1.82，df = 2，p = 0.164；美國：M =

表2：三樣本之方差分析（ANOVA）

變項	項目編號	所有樣本平均值	美國樣本平均值	香港樣本平均值	台灣樣本平均值	F值
資訊中介傳播	3	3.32 N = 692	3.40 N = 228	3.38 N = 154	3.24 N = 310	1.82
雙向對等溝通	5	3.64 N = 690	3.78 N = 228	3.38 N = 151	3.66 N = 311	22.90***
借助第三方人脈網絡	9	3.31 N = 684	3.22 N = 225	3.16 N = 149	3.44 N = 310	8.04***
送禮	2	2.79 N = 686	2.53 N = 227	2.67 N = 150	3.03 N = 309	10.82***
面子—人情—飯局	3	2.64 N = 686	2.69 N = 226	2.46 N = 151	2.70 N = 309	6.19**
組織與私人層面的網絡	3	3.04 N = 690	3.24 N = 228	2.94 N = 152	2.94 N = 310	0.54
面子與人情	2	2.86 671	2.83 219	2.68 146	2.96 306	7.92***
組織層面的聯絡	2	2.94 N = 685	3.09 N = 228	2.88 N = 152	2.85 N = 305	0.40
個人層次之面子與人情	4	2.80 N = 687	2.92 N = 227	2.62 N = 151	2.80 N = 309	4.44*

註：* $p < 0.05$; ** $p < 0.01$; *** $p < 0.001$

3.38，SD = 0.57；香港：M = 3.37，SD = 0.62；台灣：M = 3.24，SD = 0.75）。

此外「雙向對等溝通」在三個樣本中則存在顯著差異（F = 22.90，df = 2，p = 0.000），其中美國的使用頻率與程度最高（M = 3.64，SD = 0.42），其次是台灣（M = 3.58，SD =

0.42），最後是香港（M = 3.32，SD = 0.53）。

同樣地，控制了三個協變數後，ANOVA分析用於探究樣本間關係策略實用程度的異同：

首先，在三個樣本中，受訪者對「送禮」使用頻率與程度的自我評估呈顯著不同（F = 10.82，df = 2，p = 0.031）：台灣最高（M = 3.58，SD = 0.42），香港次之（M = 2.67，SD = 0.77），美國最低（M = 2.53，SD = 0.93）。

另一方面，「借助第三方人脈網絡」之使用也出現顯著差異（F = 8.04，df = 2，p = 0.000）：台灣最高（M = 3.44，SD = 0.63），美國次之（M = 3.22，SD = 0.84），香港最低（M = 3.16，SD = 0.71）。

資料顯示，台灣對「面子與人情」策略的使用頻率與程度的確高於香港和美國對其的使用程度，而美國高於香港。假設2得到部分支持。

五、討論與結論

（一）主要研究發現

基於三個獨立樣本之交叉驗證結果，本研究對文化、情境、理論與實踐應用方面的貢獻體現在以下方面：

首先，西方理論所強調的傳播模式，如「資訊中介傳播」以及「雙向對等溝通」在美國、香港與台灣的樣本中都得到實證支

持。另一方面，「關係策略」在三個樣本中也都得到實證支持，雖然不同地區的實證資料呈現不同的寓意。

質言之，本次研究的發現深化和推進了公關策略理論的發展——實證資料有效結合了資訊中介傳播、雙向對等溝通與關係策略三個面向。其中，「資訊中介傳播」強調資訊交換；「雙向對等溝通」著重情感交流，互動與平衡溝通效果（Grunig, 1992），「關係策略」則強調「效用」及「交換」。

其次，本研究發展跨國界關係策略量表，其一方面響應發展更多多元文化研究的呼籲（Kim, 2007），另一方面則具體考量制度與體系之情境差異，對於發展「普適傳播學理論」應具有一定程度的推動意義。

第三，此次研究提出兩個因素——華人文化和制度來解釋「關係策略」的使用程度（North, 1990），大致獲得支持。一方面，儒家傳統強調長期關係、和諧、秩序和人際關係等因素都具體而微地影響了華人的社會性行為，甚至是經濟行為，這些面向也體現在面子與人情的公關行為與實踐中。另一方面，正規或機構制度，特別是法制—理性系統及其自身的執行機制並不鼓勵與關係有關的實踐行為。分析顯示，台灣樣本對關係策略的使用程度高於香港樣本，此外，在數個關係策略使用的面向上，美國也高於香港。這可能的解釋為，美國人對關係的重視程度曾一度被低估，這一現象值得進一步探究。本研究結果同時支持了Guthrie（1998）的發現：在缺乏嚴謹的法律體系和法律執行力（如廉政公署）的情況下，關係策略的使用頻率和程度將更高。

尤其對於香港公關從業人員，他們在社交飯局的使用程度上為三地樣本中最低。而且，唯獨在香港樣本中，「送禮」僅發生在組織層面，而非個人層面。這體現了香港商業交換中強烈的「透明度」意涵。香港樣本包含的這些策略特徵清楚體現了當代體制環境，尤其是法律體系與華人傳統之間的互動局面。

（二）研究貢獻

本研究對理論發展的貢獻可從以下三個方面談起。首先，「資訊中介傳播」與「雙向對等溝通」作為兩種典型的西方公關模式，的確顯示了其在多元文化、地區以及體制的適用性。另一方面，「關係策略」，包括面子與人情、第三方人脈網絡、社交飯局以及送禮等這些常被認為獨屬於東方文化的現象，也的確出現在美國社會中。

總體來說，通過對面子與人情、借助第三方人脈網絡，以及送禮等行為的測量，本研究擴展了與「關係」相關的理論研究。最後，本文拓展了有關「關係」的研究：本研究中，對關係策略以及公關策略中概念的測量，基本上都達到了量表之可接受標準。其次，本研究透過跨地區、跨文化有關「面子與人情」的比較研究（兩個華人社會間的比較，及華人社會與美國的比較），也將有效地促進本土心理學有關在地文化的探討，甚或以「面子與人情」為探討基礎的範式轉變。

（三）研究侷限與未來研究方向

本次研究也存在部分侷限性，例如，在問卷調研過程中，涉及關係實踐的一些問題可能較為敏感，這使本次調查喪失了不少潛在回應者，因而問卷回收率也低於研究者初始預期，特別是關係本身的敏感性使得某些受訪者難以坦言他們在溝通實踐中的實際情況。

未來的研究可探究：在何種情況下或者涉及何種議題時，這些策略——廣義的公共關係（public relations），狹義的關係（guanxi）——是有效的？以及，在不同類型的群體、問題、社會／企業環境（如中國大陸），以及利益關係人的關係上，對這些構念和概念模型進行統計上的交叉驗證。此外，未來的研究還可致力於解決：1）「關係」相對於契約法律，是**提供補充**還是**替代選項**的爭論；2）文化與制度在何種程度上影響公共關係模式等問題。

參考書目

Bian, Y. (2005), "Guanxi," in J. Becker & M. Zafirovski (eds.), *International Encyclopedia of Economic Sociology*, pp. 312-314. New York: Routledge Ltd.

Brislin, R. W. (1980), "Translation and Content Analysis of Oral and Written Material," in H. C. Triandis & J. W. Berry (eds.), *Handbook of Cross-Cultural Psychology: Methodology*, Vol. 2, pp. 389-444. Boston, MA: Allyn and Bacon.

Chen, G. M., & Chung, J. (1994), "The impact of Confucianism on organization communication," *Communication Quarterly*, Vol. 42, pp. 93-105.

Choi, Y., & Cameron, G. T. (2005), "Overcoming Ethnocentrism: The role of identity in contingent practice of international public relations," *Journal of Public Relation research*, Vol. 17, No. 2, pp. 171-189.

Corley, K. G., Harquail, C. V., Pratt, M.G., Glynn, M. A., Fiol, C. M. and Hatch, M. J.(2006), "Guiding organizational identity through aged adolescence," *Journal of Management Inquiry*, Vol. 15, No. 2, pp. 85-99.

Curtin, P. A., & Gaither, T. K. (2005), "Privileging identity, difference, and power: The circuit of culture as a basis for public relations theory," *Journal of Public Relations Research*, Vol. 17, No. 2, pp. 91-115.

Foa, E. B., & Foa, U. G. (1976), "Resource theory of social exchange," in J. W. Thibaut, T. T. Spence & R. C. Carson (eds.), *Contemporary topics in social psychology*, pp. 99-131. Morristown, NJ: General Learning.

Goffman, E. (1959), *The presentation of self in everyday life.* New York: Doubleday, Anchor.

Gold, T., Guthrie, D., & Wank, D. (2002), *Social Connections in China: Institutions, Culture, and the Changing Nature of Guanxi.* New York: Cambridge University Press.

Grunig, J. E. (1992), "Communication, public relations, and effective organizations: An overview of the book," in J. E. Grunig (ed.), *Excellence in public relations and communication management,* pp.1-30. Hillsdale, NJ: Lawrence Erlbaum Associates, Inc.

Grunig, J. E., Grunig, L. A., & Dozier, D. M. (1995, November), *Combing the two-way symmetrical and asymmetrical models into a contingency model of excellent public relations.* Paper presented at the annual meeting of the Association for the Advancement of Policy, Research, and Development in the Third World, Las Vegas.

Grunig, J. E., & Hunt, T., (1984), *Managing public relations.* New York: Holt, Rinehart & Winston.

Guthrie, D. (1998), "The declining significance of Guanxi in China's economic transition," *The China Quarterly*, Vol. 154, pp. 254-282.

Huang, Y. H. (2000), "The personal influence model and "gao guanxi" in Taiwan Chinese public relations," *Public Relations Review,* Vol. 26, No. 2, pp. 216-239.

Huang, Y. H. (2001), "Values of public relations: Effects on organization-public relationships mediating conflict resolution," *Journal of Public Relations Research*, Vol. 13, No. 4, pp. 265-301.

Huang, Y. H. (2003), "Towards Factors Contributing to Integrative Conflict

Resolution: A Cross-Cultural Perspective." Paper presented at the annual meeting of the International Communication Association, San Diego, CA, May 27, 2003.

Huang, Y. H. (2004a), "PRSA: Scale development for exploring the cross-cultural impetus of public relations strategies," *Journalism and Mass Communication Quarterly*, Vol. 81, No. 2, pp. 307-326.

Huang, Y. H. (2004b), "Is symmetrical communication ethical and effective?" *Journal of Business Ethics*, Vol. 53, No. 4, pp. 333-352.

Huang, Y. H. (2006), "A revisit of symmetrical communication from an international perspective: Status, effect, and future research direction," in Elizabeth L. Toth (ed.), *The future of excellence in public relations and communication management: Challenges for the next generation,* pp. 235-262. Mahwah, N.J.: Erlbaum.

Huang, Y. H. (2008), "Trust and Relational Commitment in Corporate Crises: The Effects of Crisis Communicative Strategy and Form of Crisis Response," *Journal of Public Relations Research*, Vol. 20, pp. 297-327.

Hwang, K. (1987), "Face and favor: The Chinese power game," *American Journal of Sociology*, Vol. 92, No. 4, pp. 944-974.

Jacobs, J. B. (1979), "A preliminary model of particularistic ties in Chinese political alliances: Kan-ch'ing and Kuan-hsi in a rural Taiwanese township," *The China Quarterly*, Vol. 78, pp. 237-273.

Jia, W. (2000), "Chinese Communication Scholarship as an Expansion of the Communication and Culture Paradigm," in D. R. Heisey (ed.), *Chinese*

Perspectives in Rhetoric and Communication, pp.139-161. Connecticut: Ablex Publishing Corporation.

Kapferer, B. (1969), "Norms and the manipulation of relationship in a work context," in J. C. Mitchell (ed.), *Social networks in urban situation*, pp. 181-244. Manchester: Manchester University Press.

Kim, M. S. (2007), "The Four Cultures of Cultural Research," *Communication Monographs*, Vol. 74, No. 2, pp. 279-285.

King, A. Y. C. (1985), "The individual and group in Confucianism: A relational perspective," in D. E. Munro (ed.), *Individualism and holism: Studies in Confucian and Taoist values.* Ann Arbor, MI: Center of Chinese Studies, University of Michigan.

Kipnis, A. B. (1997), *Producing guanxi: Sentiment, self, and subculture in a North China village.* Durham, NC: Duke University Press.

Leung, T. K. P. & Chan, R. Y. (2001), "Face, favour and positioning – a Chinese power game," *European Journal of Marketing*, Vol. 37, No. 11/12, 2003, pp. 1575-1598.

Leung, T. K. P., Wong, Y. H., & Wong, S. (1996), "A study of Hong Kong businessmen's perceptions of the role of "Guanxi" in the people's republic of China," *Journal of Business Ethics*, Vol. 15, pp. 749-758.

Liang, S. M. (1987), *Zhongguo wen hua de yaoyi [Essence of Chinese culture].* Taipei: Chengchong. (In Chinese).

Luo, Y. (2000), *Guanxi and business.* Singapore: World Scientific.

Miike, Y. (2007), "An Asiacentric reflection on Eurocentric bias in communication theory," *Communication Monographs*, Vol. 74, No. 2, pp. 272-278.

Mitchell, J. C. (1969), "The concept and use of social networks," in Mitchell (ed.), *Social networks in urban situation*. Manchester: Manchester University Press.

McQuail, D. (1994), *Mass communication theory* (3rd ed.). Thousand Oaks, Ca: Sage.

North, D. C.(1990), *Institutions, institutional change and economic performance*. Cambridge, UK: Cambridge University Press.

Pompper, D. (2005), " 'Difference' in public relations research: A case for introducing critical race theory," *Journal of Public Relations Research*, Vol. 17, No. 2, pp. 139-169.

Redding, S.G., & Ng, M. (1982), "The role of 'Face' in the organizational perceptions of Chinese managers," *Organization Studies*, Vol. 3/3, pp. 201-219.

Whetten, D. A. (2009), "An Examination of the Interface between Context and Theory Applied to the Study of Chinese Organizations," *Management and Organization Review*, Vol. 5, No. 1, pp. 29-55.

Wen, S. C. H. (1988), *A cross-national study on housing development in Asian transitional countries*. The University of Michigan.

第七章
台港兩地工作者之工作壓力歷程——工作動機及因應策略之調節作用

林惠彥、陸洛、蕭愛鈴、吳珮瑀

一、緒論

　　工作壓力對個人適應與組織績效的影響甚鉅，然既有之壓力理論與研究大部分乃在歐美等西方工業化國家完成，例如壓力互動理論（transactional theory of stress）（Lazarus & Folkman, 1984）與「工作要求－資源模式」（job demand-resource model, JD-R model）（Bakker, Demerouti & Schaufeli, 2003）。故此，早期的華人壓力研究多援引西方壓力理論為基礎，使用西方發展的工具來測量。然若將西方學者發展的概念與測量工具移植至華人文化脈絡下使用，可能缺乏構念效度與文化敏感度。晚近，學者開始關注工作情境中的文化差異，研究發現華人確實存在不同於西方獨特的因應策略（Siu, Spector & Cooper, 2006; Spector, Sanchez, Siu, Salgado & Ma, 2004），如：華人面對工作壓力時，相較於西方工作者較少使用問題取向的因應策略，而傾向透過人際關係與情感導向的調整策略來因應壓力（Siu et al., 2006; Weisz,

Rothbaum & Blackburn, 1984）。由此可見，早先以西方為研究情境的壓力因應策略顯然不可完全移植至華人文化（Cooper, Dewe & O'Driscoll, 2001; Xie, 1996）。故此，諸多學者開始關注華人的壓力因應策略與其適應後果之關聯（Lu, Cooper, Kao & Zhou, 2003; Siu & Cooper, 1998），這樣以華人為主體的研究一則可以豐富壓力的相關理論內涵，再則也可為華人企業管理提供實務規劃之參考。故本研究的目的之一，亦即依循以華人為主體的研究脈絡，深究西方工作壓力相關理論在華人情境之適用性。

在工作壓力理論中，Bakker與Demerouti（2003）整合了相關理論，提出「工作要求－資源模式」（JD-R model），以廣義的工作要求與工作資源來檢視工作壓力對工作者之影響機制，並累積諸多西方實徵研究作為佐證，確認了工作要求對員工健康之影響與工作資源對員工動機之助益。然在JD-R模式並未能解釋個人對壓力歷程的差異性反應，亦即缺乏對調節因子之探討，故本研究目的之二，即是以自我決定理論（self-determination theory, SDT）（Deci & Ryan, 1985; Ryan & Deci, 2002）與壓力互動理論（Lazarus & Folkman, 1984）作為理論起點，探討工作動機與華人因應策略對工作壓力與工作後果之調節作用。

二、文獻回顧

（一）工作資源缺乏在JD-R模式中的意涵

晚近西方組織行為領域學者對工作壓力研究的焦點之一在於探究工作特性（job characteristics）對工作者之影響（Wrzesniewski & Dutton, 2001），例如工作要求（job demands）、工作自主性（job autonomy）、績效回饋（performance feedback）等。Bakker等學者（2003）整合了工作壓力的理論與研究，提出了「工作要求－資源模式」（JD-R model），將工作情境分為工作要求與工作資源，細究工作要求與工作資源對員工的影響。工作要求包含了生理上、心理上等要求員工的投入，例如專業技能、工作負荷與情緒投入等；工作資源則是來自於工作或組織的資源，包含了實體資源與心理資源，例如工作場域中有助於工作目標達成的實體設備、工作自主性及主管對績效表現的回饋等。

　　JD-R模式針對來自工作的要求與資源提出一個雙重路徑：工作要求會透過情緒耗竭（burnout）損害工作者的身、心健康；而工作資源則透過引發動機而激勵工作者的工作感受與表現，例如提高員工的組織承諾、工作滿意與工作績效（Bakker & Demerouti, 2007）。其後，陸續有學者藉由實徵研究來檢驗此雙重作用，相關研究結果均支持該模式之觀點：工作要求會提高員工的情緒耗竭與壓力感受，並影響其身、心健康（Bakker, Hakanen, Demerouti & Xanthopoulou, 2007; Hakanen, Schaufeli & Ahola, 2008）；而工作資源確實與工作滿意、組織公民行為及工作績效有正向關聯（Aube, Rousseau & Morin, 2007; van Prooijen, 2009）。晚近一個跨時三年的縱貫性研究亦有相同的發現：工作要求（工作時間要求與工作負荷）會提高工作者的長期壓力感

受，而工作資源（工作自主與程序公平）則可提高工作者的組織承諾（Boyd, Bakker, Pignata, Winefield, Gillespie & Stough, 2011）。

綜上所述，有鑑於諸多研究均聚焦在探究工作資源對工作者的正向作用，如：工作資源對員工的工作績效之激勵作用，鮮少有研究細究在缺乏工作資源的情境下對員工是否存在負面影響。在工作場域中，組織未能提供工作者執行工作以達成目標所必須的資源，例如缺乏必要設備、缺乏可遵循之程序、缺乏自主等（Deci, Eghrari, Patrick & Leone, 1994; Reeve, 2002），亦稱為工作限制（work constraints）。來自工作場域最主要的限制可分為自主與結構（Ntoumanis, Edunds & Duda, 2009），前者指員工未能擁有對自身工作的決策權，例如組織未授權員工在特定的業務範圍中有裁量權，導致員工無法在工作中有權做決定；後者則是指組織未能提供協助員工達成工作目標的輔助性資源，例如未能提供績效回饋資訊，導致員工無法了解工作執行的結果。晚近已有研究發現，工作者如何評估壓力源，對壓力適應的結果有極關鍵的影響（LePine, Podsakoff & LePine, 2005）。具體而言，工作者若將壓力源視為阻礙或限制，則會減弱工作滿意與工作績效，對適應結果有負向影響。工作限制即為JD-R模式中工作資源的缺乏，亦是被員工認知為阻礙性的壓力源（LePine et al., 2005），是此，本研究欲檢驗缺乏工作資源與員工的態度及行為之關聯。在態度指標部分，以組織行為領域最為關注的工作滿意作為結果變項；行為指標則以企業管理最關鍵的工作績效做為結果變項。

依Nikos（2009）等人之建議，本研究將工作限制分為缺乏自主與缺乏結構，以檢視在缺乏工作資源的情況下，對員工的工作態度與行為之影響，據此具體假設：

　　H1：工作限制（缺乏自主、缺乏結構）與工作滿意為負向關聯

　　H2：工作限制（缺乏自主、缺乏結構）與工作績效為負向關聯

（二）工作限制與工作後果關聯之調節因子

1. 工作動機的調節作用

　　JD-R模式自提出後已累積眾多實徵證據，顯示工作要求與工作資源會產生不同的影響。然學者對此一模式的批評主要有二：第一是該模式過於簡化工作情境，以二分法來看待工作要求與資源，未能捕捉到現實情境的複雜度。其次，JD-R模式並未能解釋在壓力歷程中的個別差異，亦即儘管面對相同的壓力源，並非所有人都會產生相同的壓力反應，換言之，JD-R模式之主要限制為缺乏對調節因子之探討。壓力研究中的調節作用一直是學者關注的焦點，回顧工作壓力文獻，壓力的調節因子可分為個人特質與情境因素兩大類。個人特質包含人格特質、個人動機與行為傾向等；情境因素則來自工作情境或社會與家庭等情境，例如組織提供的家庭友善政策、家人的社會支持等。其中人格特質與情境因素已累積諸多文獻（Folkman, 1997; Jerusalem & Schwarzer, 1992; Stein, Folkman, Trabasso & Christopher-Richards, 1997），然對個人動機與行為傾向之研究尚少，據此，本研究欲以自我決定理論與壓力互動理論作為理論起點，分別細究個人工作動機與壓力因應策略在壓力歷程中的調節作用。

Lazarus與Folkman（1984）提出了壓力互動理論，主張壓力是在個體和環境不斷互動的過程中，產生的一種複雜的動態系統，採用的是個人與環境適配（Person-Environment Fit）觀點，關注的焦點是個體面對壓力的全部歷程，對壓力歷程的解釋更為完整，亦更突顯個體在壓力歷程中的主動角色，藉以解釋壓力歷程中所存在的個別差異現象。亦即壓力是一種具有個別性的現象，是個體經歷評估壓力源後產生的獨特解讀，個體會依據所擁有的內、外在資源，例如個人能力與社會支持，對壓力源產生不同的評估，並評估採用何種因應策略，而導致個人化的壓力歷程（陸洛，1997）。Lazarus與Folkman（1984）認為在個體與壓力互動歷程中，動機所扮演的角色相當關鍵，個體所持之動機差異極可能造成相異之反應，引發不同的壓力反應歷程。回到工作壓力的情境下，工作動機係指個體在工作中願意付出努力之程度與所欲追求之目標（Robbins, 1993），以下將回顧工作動機之相關理論，進而推導出工作動機在壓力歷程中可能產生之調節作用。

學者最初對工作動機的好奇源於「員工想要從工作中得到什麼」，Herzberg（1959）提出了工作動機兩因子理論：保健因子與激勵因子，前者為工作者所追求的外在動機，即個體渴求基本需求的滿足，一旦缺乏保健因子則會造成工作者的不滿足；後者

則為內在動機，是個體追求自我實現的需求，激勵因子能帶給工作者滿意的感受。其後，眾多學者對工作動機之分類，均可大致分為工具性的外在動機，性質與保健因子相近，與目的性的內在動機，性質近於激勵因子（Rokeach, 1973）。個體的行為深受動機所左右，Deci與Ryan（1985）提出了自我決定理論，他們認為動機是一種連續性的概念，從無動機到外在動機，進而內化至內在動機驅使個體產生不同的目標追求行為。回到工作情境中，外在動機即是工作者受到外部規範、社會情境限制或物質獎酬所引導，進而誘發行為（Willams, Grow, Freedman, Ryan & Deci, 1996）；內在動機則是來自個體內在的心理需求，自發性地追尋學習、成長需求的滿足與愉悅的正向感受（Grolnick & Ryan, 1987; Ryan, Rigby & King, 1993）。

晚近一篇回顧工作壓力的統合研究中發現：並非所有壓力源對工作者的工作態度與行為都有相同的影響（LePine et al., 2005）。若工作者將壓力源視為阻礙與限制，則對工作績效有負面影響；反之，工作者若將其視為挑戰，則與工作績效為正向關聯。換言之，個體對壓力源的解讀具有調節作用，相同的壓力源極可能對工作者造成不同的影響。然如何解讀壓力源則受到個人的工作動機所影響（LePine et al., 2005）。依據工作動機相關理論，我們可將工作動機分為內在動機與外在動機：對內在動機較強的工作者而言，工作的價值在於追求成長與自我實現，然工作限制中的缺乏自主與缺乏結構則會讓工作者無法掌控自己的工作，且組織未能提供達成任務所需之設備或支援，員工很可能將

缺乏自主和缺乏結構視為阻礙工作目標達成之障礙，進而加劇工作限制與工作後果之負向關聯。反觀對外在工作動機較強的工作者，工作的目的是工具性的，亦即追求物質需求之滿足與他人的讚賞肯定，相較之下，在外在動機的引導下員工較不渴求在工作中具有決策權與掌控感，因而工作缺乏自主與缺乏結構，對工作者所產生的影響可能較小，故缺乏自主與缺乏結構所產生的負面衝擊可能較小。稍早，Lu（1999）曾以台灣員工為樣本，檢驗過內、外在動機在工作壓力歷程中可能的調節作用，確實發現當員工的外在動機高時（含高薪、保障、升遷、工作條件及社會地位），工作負荷的壓力會造成較多的身心症狀；而當員工追求較高的內在動機時（含工作有趣、被肯定、掌控感、成長、溫暖的人際關係），工作缺乏自主性的壓力會造成較多的焦慮症狀。這項罕見以華人為樣本的研究雖未發現工作動機在工作態度上的調節作用，也未探討其對工作績效的影響，卻首次證實內、外在工作動機不僅是工作壓力歷程中的調節因子，還會分別作用於不同的壓力源－壓力後果之關係上，並能回應前述的理論觀點。本研究則將進一步檢視工作動機在壓力源－工作滿足，及壓力源－工作績效兩項關聯上的調節作用，亦使用異質性更大的華人樣本，承前，我們推論工作動機的調節機制如下：

H3：工作動機可調節工作限制與工作後果之間的關聯

H3a：內在動機會強化工作限制與工作滿足及工作績效之間的負向關聯

H3b：外在動機會減弱工作限制與工作滿足及工作績效之間

的負向關聯

2. 因應策略的調節作用

　　在壓力歷程中，除內在信念資源（如人格、動機等）外，個體顯現於外的因應策略對壓力適應後果亦有關鍵性影響（Oakland & Ostell, 1996）。Lazarus與Folkman（1984）認為在壓力情境中，個人在認知、情緒與行為上所用的各種策略，只要是用以減緩壓力感受，皆可稱為因應努力，並進一步將因應努力分為「問題解決取向」與「情緒處理取向」兩類。前者係指個人的努力焦點在於確認問題，訂定可行的、適當的目標，企圖解決問題；後者則是以降低焦慮的方式來控制壓力，例如尋求他人情感支持來降低壓力感受。然現有文獻對因應策略本質的了解仍相當有限（O'Driscoll & Cooper, 1994, 1996）。累積的研究顯示因應策略與壓力源及壓力感受之關聯仍未被明確釐清，學者們對因應策略的作用機制尚缺乏全面了解（Erera-Weatherley, 1996）。因應策略的定義大略可分為兩類：情境相關的歷程與個人特質相關的行為風格。前者以壓力互動理論（Lazarus & Falkman, 1984）為代表，持此觀點的學者認為因應策略是有其情境特異性的，在評估壓力源後個體依據其認知與資源等，針對此一情境的壓力源決定採用特定的因應行為，此類學者關注的是壓力歷程（Dewe & Guest, 1990）；後者則以人格特質研究為基礎，持特質觀點的學者將因應策略視為相對穩定的行為風格，認為特定的人格特質或風格傾向會使個體偏好某些特定的因應策略（Stone, Greenberg,

Kennedy-Moore & Newman, 1991）。

　　因應策略是行為歷程抑或是因應風格的爭論，一直受到諸多學者的關注。Trenberth、Dewe及Walkey（1996）認為因應策略的內涵應與其作用機制相對應，若將因應視為行為歷程，則因應策略是一個中介因素，即個體針對特定的壓力源進行評估，依評估結果產生特定的行為歷程，導致壓力適應後果；反之，若將因應視為特質傾向，則因應策略為一調節因素，即個體的因應策略會偏向特定風格，並可能調節壓力與後果之關聯，這樣的主張亦與實徵研究的結果相符（Parkes, 1994）。然而，在華人文化下將因應策略視為調節變項的研究卻是寥寥無幾，Siu、Spector與Cooper（2006）率先以大中華地區全職工作者為研究對象，在北京、香港與台灣三地進行抽樣，以工作壓力為脈絡採用開放式訪談與量化問卷，輔以探索性與驗證性因素分析，發展出具有效度之「華人因應策略量表」，包含四種工作壓力的因應策略：嗜好休閒、社會支持、積極行動及消極順應。他們更進一步發現嗜好休閒、社會支持、積極行動與工作滿足為正向關聯，且與心理適應之生理和行為症狀為負向關聯；消極順應則與工作滿足為負向關聯，與生理和行為症狀為正向關聯。綜上所述，在不同文化脈絡下，個體對壓力的因應策略確有差異，而不同的因應策略對壓力適應後果亦具有不同的作用。晚近學者更發現：這些華人因應策略不僅與工作態度及身心適應有關，還可進一步預測員工實質的工作表現（Lu, Kao, Siu & Lu, 2010）。具體而言，正向的因應行為，如嗜好休閒、社會支持、積極行動能預測良好的工作表

現，但負向的因應行為，即消極順應則與工作表現呈負向關聯。唯，這些研究都僅關注因應策略之主效果，而未檢視其調節效果。

在此基礎上，本研究將因應策略視為壓力歷程中的調節變項，探討工作限制與工作後果之關聯中因應策略的影響，觀察在華人工作者中因應策略是否具有調節作用。本研究的目的之一在於使用華人因應策略量表工具與西方壓力研究進行對話，在華人職場的脈絡下了解因應策略對壓力適應結果的調節作用，有鑑於此，本研究將因應策略視為具有特定個人風格傾向的調節因素，亦即在測量上使用一般性情境測量，而非測量特定壓力源或壓力事件下個體所採用的特定因應行為，循此推論本研究假設：

H4：華人因應策略會調節工作限制與工作滿足及工作績效之關聯

H4a：嗜好休閒、社會支持及積極行動會削弱工作限制與工作滿足及工作績效的負向關聯

H4b：消極順應會增強工作限制與工作滿足及工作績效的負向關聯

三、研究方法

（一）研究對象

本研究以香港與台灣地區全職工作者為樣本，進行結構性問

卷的施測。為力求樣本之異質性，盡量選取不同行業、不同組織、不同管理位階、不同專業背景、不同年齡之受訪者。香港樣本採取多階段群聚隨機抽樣（multistage cluster random sampling），使用香港特別行政區統計局的資料，先隨機抽出全港2%的企業，即名單上每隔五十個企業選一個，再由入選公司中抽取其中25%的員工進行問卷調查。總計共發出324份問卷，回收324份有效問卷，有效回收率為100%。台灣樣本則因隨機抽樣困難，故採取便利取樣。研究者透過人際網絡、大學在職進修工作者、及企業人資部門主管，總計共發出520份問卷，回收306份有效問卷，有效回收率為60%。

香港樣本的男性與女性比例為40.70%：59.30%，平均年齡為32.07歲，標準差為9.40。在婚姻狀況方面，已婚或同居者佔41.60%；未婚者、分居、離婚或鰥寡者則佔58.40%。在職位方面，非主管佔6.50%；主管（包括低階、中階、高階與決策主管）佔93.50%；平均年資為6.27年，標準差為6.12。台灣樣本的男性與女性比例為43.90%：56.10%，平均年齡為32.85歲，標準差為6.65。在婚姻狀況方面，已婚或同居者佔56.60%；未婚者、分居、離婚或鰥寡者則佔43.40%。在職位方面，非主管佔17.00%；主管佔83.00%；平均年資為6.31年，標準差為6.31。

（二）研究工具

本研究編製結構性問卷以收集資料，主要變項有：「缺乏結

構」、「缺乏自主」、「工作動機」、「華人因應策略」、「工作滿意」、「工作績效」等六項。另外，也收集人口學／工作變項的資料，包含性別、年齡、婚姻狀態、工作年資、職階等。量表的選擇除考慮量表所測之構念內涵與本研究所設定之理論意涵的適配性，也考慮量表在前人研究中已建立之信效度，及其在華人文化中的適用性。

1. 缺乏結構

採用Spector與Jex（1998）編製的量表，測量個人主觀感受在工作上缺乏結構情形發生的頻率。共11題，問項如「在工作上，你隔多長時間會感到工作難以完成或無法完成，是因為缺乏設備和支持」，以六點量尺（1表示從不或每個月少於一次，6表示每天數次）衡量。得分愈高表示缺乏結構的感受愈高。在本研究中，香港樣本的內部一致性信度為0.94，台灣樣本的內部一致性信度為0.93。

2. 缺乏自主

採用Hackman與Oldham（1975）編製的量表，測量個人主觀感受在工作上缺乏自主情形發生的頻率。共3題，問項如「我在工作上有相當大的自由度及獨立性」（反向題）、「我在工作上能把個人的想法和判斷付諸實施」（反向題），以六點量尺（1表示從不或每個月少於一次，6表示每天數次）衡量。得分愈高表示缺乏結構的感受愈高。在本研究中，香港與台灣樣本的內

部一致性信度分別為0.85、0.87。

3. 工作動機

　　採用Hui（1992）發展的工作動機量表，從中選取兩個構面：外在動機－安全與內在動機－成長，共8題。外在（安全）動機問項如「有良好的雇用保障」、「有良好的福利」；內在（成長）動機問項如「有挑戰性的任務，做的時候有個人成就感」、「實現自己理想」。以六點量尺（1表示不重要，6表示絕對重要）衡量，得分愈高表示該類工作動機愈高。在本研究中，香港樣本的內在動機與外在動機的內部一致性信度分別為0.73、0.78，台灣樣本的內在動機與外在動機的內部一致性信度分別為0.84、0.81。

4. 華人因應策略

　　為補足現有壓力研究對華人文化因應策略的知識缺口，本研究採用以華人為研究對象所發展的工作壓力因應策略量表（Siu et al., 2006）。共13題，包含四種因應策略：嗜好休閒、社會支持、積極行動及消極順應。嗜好休閒：共2題，問項如「做運動」；社會支持：共2題，問項如「與同事多溝通」；積極行動：共4題，問項如「用額外時間完成工作」；消極順應：共5題，問項如「無能為力，只好接受事實」。以Likert六點量尺（1 = 從不使用，6 = 頻頻使用）衡量，分數愈高表示使用該因應策略的頻率愈高。在本研究中，香港樣本的內部一致性信度分別為

0.72、0.62、0.70及0.88，台灣樣本的內部一致性信度分別為
0.69、0.78、0.77及0.88。

5. 工作滿意

取自「密西根組織評鑑問卷」（Michigan Organizational Assessment Questionnaire）（Cammann, Fichman, Jenkins & Klesh, 1979），共計3題，問項有「整體而言，我喜歡在這裡工作」、「整體而言，我滿意我的工作」和「整體而言，我不喜歡我的工作」（反向題）。以五點尺度（1表示從未如此，5表示總是如此）衡量，反向題經反向計分後加總，分數愈高表示工作滿足愈高。在本研究中，香港樣本的內部一致性信度為0.63，台灣樣本的內部一致性信度為0.83。

6. 工作績效

本研究採Viswesvaran、Ones與Schmidt（1996）所編製的工作績效量表，編製的原則是採用工作績效廣義性的內涵，並囊括了企業實務中最為重視的五項績效指標，共計5題。分別為產出指標，如：「工作數量」及「工作質量」；行為指標，如：「出勤率」及「同儕關係」；以及技能指標的「專業知識」，共五個向度，採Likert六點量尺（1 = 很差，6 = 優良）測量，分數愈高代表工作績效愈高。在本研究中，香港樣本的內部一致性信度為0.78，台灣樣本的內部一致性信度為0.80。

（三）驗證性因素分析與共同方法變異之檢測

　　本研究進行假設驗證前，先針對十個研究變項（缺乏自主、缺乏結構、內在動機、外在動機、四種華人因應策略、工作滿意及工作績效）進行驗證性因素分析（confirmatory factor analysis, CFA），以檢視各研究構面的建構效度。研究模式的適配度指標為：χ^2 = 2341.71，df = 815，GFI = 0.85，CFI = 0.89，RMSEA = 0.08。雖RMSEA數值略大於0.05，但尚在可接受的範圍內，研究模式的整體適配度達可接受之標準（Podsakoff, MacKenzie & Podsakoff, 2003），且模式中所有因素負荷量的檢定結果皆達0.001的顯著水準，表示同一因素下的測量題目，皆能有效反映同一構念。另外，我們對十個構面間的區別效度（discriminant validiy）採用卡方差異檢定（chi-square difference test）進行考核。分別就兩兩構面比較未限定與限定（將兩構面的相關設定為1）模式的卡方值是否達顯著差異（Anderson & Gerbing, 1988）。結果顯示卡方差異檢定皆達到統計上的顯著性（卡方差異由7.6到196.4），顯示研究模式中各構念間具有區別效度。

　　由於本研究主要測量個人主觀知覺的工作限制與工作後果的態度及行為，因此，所有變項的測量都由同一受試者填答。但為避免單一受試者作答所導致的共同方法變異（common method variance），我們依據Podsakoff與Organ（1986）的建議，採用Harman氏單一因子檢定法測試。此法乃投入所有題項一起進行探索性因素分析（EFA），在未轉軸情況下無法得出一綜合

（general）因子，則或可證明共同方法變異造成之偏誤小。結果發現，在投入所有題項後得出十個因素，共解釋了67.23%的變異量，而由第一因素解釋的變異量僅為21.55%，參考彭台光、高月慈及林鉦棽（2006）等人的研究，第一因素解釋的變異量如未大於50%時，可顯示由共同方法變異造成的問題應不嚴重。為求謹慎，我們再依照Podsakoff等學者（Podsakoff et al., 2003）之建議，採用潛在變數測量法進行測試，分別進行單一構面模式（創造一個新的潛在變數並設定所有的題目都落在此潛在變數上）、三構面模式（結合缺乏自主與缺乏結構為一構面、結合工作動機與華人因應策略為一構面、結合工作滿意與工作績效為一構面）、四構面模式（結合缺乏自主與缺乏結構為一構面、工作動機、華人因應策略、結合工作滿意與工作績效為一構面等四個構面），及本研究模式的巢套分析。單一構面模式（χ^2 = 9030.07，df = 860，GFI = 0.45，CFI = 0.40，RMSEA = 0.13）、三構面模式（χ^2 = 6642.63，df = 816，GFI = 0.60，CFI = 0.56，RMSEA = 0.11）、四構面模式（χ^2 = 5501.87，df = 854，GFI = 0.64，CFI = 0.66，RMSEA = 0.10）皆低於可接受水準，而本研究模式適配度指標為：χ^2 = 2341.71，df = 815，GFI = 0.85，CFI = 0.89，RMSEA = 0.08。根據上述分析可發現本研究模式為四者中的最佳模式，所測得的變項並未聚合成一個潛在構念，可視為彼此獨立、可區分的構念，故共同來源偏誤的問題在本研究中可能不嚴重。

（四）測量衡等性之檢測

在進行跨文化比較時，測量衡等性是進行資料分析時首要處理的問題。本研究在進行跨文化資料蒐集前，已依據Jones、Lee、Phillips、Zhang及Jaceldo（2001）之建議，針對量尺對等、語意性對等與概念性對等進行處理（Jones, Lee, Phillips, Zhang & Jaceldo, 2001）。此外，本研究依據Cheung與Rensvold（2002）的建議，採取多群組驗證性因素分析方法（Multigroup Confirmatory Factor Analysis, 簡稱MGCFA），進行群組間模式不變性檢驗，結果詳見表1。除了比較各群組於受限及未受限測量模式之卡方統計量差異值之外，Cheung與Rensvold（2002）認為卡方統計量差異值容易受樣本數量大小而影響，故為了確認本研究模型之多群組不變性結果的穩定性，還可考量受限與未受限模式於其他適配指標的差異，如△GFI或△CFI。如表1，我們發現△GFI數值為0，而△CFI的數值亦為0，未符合多群組不變性的標準（△GFI > 0; △CFI ≤−0.01）（Cheung & Rensvold, 2002）。

然細究本研究主要測量變項多為態度變項，且態度變項容易隨著文化差異而有不同的反應方式，故該群組間的測量差異到底

表1：跨文化群組測量模式不變性之統計模式摘要

模式	$\chi^2_{(df)}$	GFI	△GFI	RMSEA	CFI	△CFI
未受限模式	3504.53(1630)***	.79		.04	.86	
受限模式	65.19(33)**	.79	.00	.04	.86	.00

註：*** p < 0.001

是來自群體文化或測量品質方面的問題，仍有待進一步確認。然前文以總樣本進行驗證性因素分析後，發現整體測量模式結果達可接受標準。且，本研究旨在探討台港兩地工作者之工作壓力歷程，為了解台灣與香港的樣本在主要研究變數上有無差異，我們以單因子變異數分析（One-Way ANOVA）後發現，香港工作者感受到的工作限制（缺乏自主與缺乏結構）較高；工作動機方面：台灣工作者無論是內在動機或外在動機都較高；而因應策略方面：「積極行動」因應策略在台灣樣本的使用度較高，而「消極順應」則在香港樣本的使用度較高。結果詳見表2。是故，後續的統計分析中，我們將「地區」作為控制變項。

表2：兩地樣本資料 t 檢定

變數	1. 香港（N = 324）			2. 台灣（N = 306）			t value
	M	SD	α	M	SD	α	
缺乏自主	9.31	3.20	.85	8.11	2.99	.87	4.88***
缺乏結構	31.64	12.57	.94	23.39	10.70	.93	8.85***
內在動機	16.94	3.25	.73	18.82	3.16	.84	−7.33***
外在動機	18.44	3.18	.78	19.68	2.77	.81	−5.27***
嗜好休閒	7.43	2.22	.72	7.62	2.05	.69	−1.07
社會支持	8.27	1.74	.62	8.42	1.75	.78	−1.08
積極行動	17.35	2.83	.70	18.57	2.74	.77	−5.48***
消極順應	17.35	5.27	.88	14.62	4.98	.88	6.66***
工作滿意	11.98	2.65	.63	12.72	2.99	.83	−3.26**
工作績效	23.04	3.33	.78	23.16	3.23	.80	−0.47

註：** p < 0.01, *** p < 0.001

四、研究結果

（一）相關分析

為確認主要研究變項間的相關形式（correlation pattern）在台港兩地樣本中是否一致，我們先分別在台灣與香港樣本中進行主要變項的相關分析，相關呈現於表3及表4。結果顯示，在台灣與香港樣本中，首先在工作限制方面：缺乏結構與工作滿意及工作績效均為負相關。其次，內在動機、外在動機與工作績效有顯著正相關，代表內在工作動機或外在工作動機高者，有較高的工作績效表現。接著在華人因應策略方面：正向因應行為大都與工作滿足及工作績效呈正相關，而負向因應行為則與工作績效呈負相關。整體而言，研究變項間的相關形式在兩地樣本中十分相似，為增強統計檢測力，故後續採用合併資料進行假設檢驗，合併樣本的相關分析結果詳見表5。

（二）假設檢驗

所謂「調節作用」是指某一量性（如因應行為的使用程度）或質性（如性別）的變項，影響了自變項與依變項間關聯的方向和／或強度（陸洛，1997）。我們根據Baron與Kenny（1986）所建議的階層式「調節性迴歸」（moderated regression）程序來檢驗調節變項的作用。為檢驗工作動機對工作限制與工作後果間關

表3：台灣樣本主要變數相關分析（N = 306）

	1	2	3	4	5	6	7	8	9	10
1 缺乏自主	1									
2 缺乏結構	.39***	1								
3 內在動機	−.22***	.05	1							
4 外在動機	−.22***	−.06	.54***	1						
5 嗜好休閒	−.11	−.06	.10	.05	1					
6 社會支持	−.29***	−.14*	.15*	.13*	.16**	1				
7 積極行動	−.30***	−.19**	.29***	.31***	.23***	.51***	1			
8 消極順應	.19**	.14*	−.14*	−.12*	.25***	−.09	−.14*	1		
9 工作滿意	−.43***	−.44***	.06	.14*	.10	.32***	.28***	−.09	1	
10 工作績效	−.38***	−.10	.39***	.34***	.15*	.40***	.48***	−.15*	.36***	1

註：* $p < 0.05$, ** $p < 0.01$, *** $p < 0.001$

表4：香港樣本主要變數相關分析（N = 324）

	1	2	3	4	5	6	7	8	9	10
1 缺乏自主	1									
2 缺乏結構	.19**	1								
3 內在動機	−.23***	.01	1							
4 外在動機	−.15**	−.16**	.56***	1						
5 嗜好休閒	−.12*	.15**	.16***	.00	1					
6 社會支持	−.35***	.00	.21***	.32***	.22***	1				
7 積極行動	−.19**	.05	.26***	.29***	.16**	.49***	1			
8 消極順應	.01	.34***	.05	−.12*	.34***	.05	.09	1		
9 工作滿意	−.46***	−.33***	.05	.13*	−.09	.22***	.12*	−.09	1	
10 工作績效	−.20***	−.15**	.33***	.48***	.02	.31***	.31***	−.20***	.15**	1

註：* $p < 0.05$, ** $p < 0.01$, *** $p < 0.001$

表5：兩地樣本合併主要變數相關分析（N = 630，對角線為 α）

	1	2	3	4	5	6	7	8	9	10
1 缺乏自主	.86									
2 缺乏結構	.31***	.95								
3 內在動機	−.27***	−.07	.80							
4 外在動機	−.21***	−.18***	.58***	.74						
5 嗜好休閒	−.12**	.04	.14***	.03	.70					
6 社會支持	−.32***	−.07	.19***	.24***	.19***	.69				
7 積極行動	−.27***	−.12**	.32***	.33***	.19***	.49***	.74			
8 消極順應	.14**	.32***	−.11**	−.17***	.28***	−.03	−.07	.88		
9 工作滿意	−.45***	−.40***	.09*	.16***	.01	.27***	.22***	−.12**	.74	
10 工作績效	−.28***	−.13**	.35***	.41***	.08*	.35***	.39***	−.18***	.26***	.79

註：* p < 0.05, ** p < 0.01, *** p < 0.001

係之調節作用，在本研究的迴歸方程式中，第一層放入人口學變項與地區作為控制變項，第二層放入自變項（缺乏自主與缺乏結構），第三層放入調節變項（內在、外在動機），最後第四層放入自變項與調節變項標準化後所取之乘積的交互作用項（共四個交互作用項），依Baron和Kenny（1986）的判準，若交互作用之迴歸係數達到統計顯著水準，則可認為調節變項確實調節了自變項與依變項之間的關係。分析結果詳見表6。

分析結果顯示，缺乏自主、缺乏結構與工作滿意皆有顯著負向關聯，本研究之假設一獲得支持；而缺乏自主與工作績效有顯著負向關聯，本研究之假設二獲得部分支持。即在工作情境中，工作者若感受到工作限制，確實會對工作者的工作態度與行為造

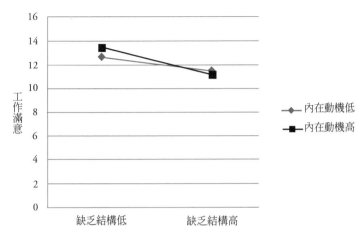

圖1：內在動機對缺乏結構與工作滿意之關聯的調節示意圖

成負面影響。在工作動機方面：內在動機可預測工作績效，外在動機則可預測工作滿意及工作績效。

在調節作用方面，內在動機可調節缺乏結構與工作滿意之間的關係（$\beta = -0.16$, $p < 0.01$）。為進一步了解交互作用的本質，輔以調節作用示意圖可看出：缺乏結構與工作滿意的負向關係，在內在工作動機較高的族群中會更加惡化；對內在工作動機較低的族群而言，其迴歸線較為平緩（參見圖1），斜率檢定（slope test）顯示：在內在動機高、低兩個群體中，缺乏結構對工作滿意之迴歸係數（$\beta 1$及$\beta 2$）的差異達顯著（$t = 2.64$，$p < 0.05$）。亦即對內在動機高的工作者而言，缺乏結構對工作滿意的負向影響較大；反之，對內在動機低的工作者來說，缺乏結構對工作滿意的負向影響較小。此外，外在動機可調節缺乏自主與

表6：預測工作滿意與工作績效之階層迴歸分析

步驟	預測因子	工作滿意		工作績效	
		Standardized Beta	R^2 change	Standardized Beta	R^2 change
1	性別	–.02		.13***	
	婚姻	–.05		–.06	
	年資	.03		.09*	
	職位	.02		.05	
	地區	.04	.02	.12*	.04***
2	缺乏自主（AU）	–.36***		–.18***	
	缺乏結構（ST）	–.26***	.25***	–.09	.08***
3	內在動機 （G）	–.08		.14*	
	外在動機 （C）	–.10*	.00	.27***	.13***
4	AU × G	–.04		–.09	
	ST × G	–.16**		–.04	
	AU × C	.04		.10*	
	ST × C	.10	.02**	.04	.01
	R^2	.30		.26	
	$F_{(df)}$	17.40*** (13,553)		14.92*** (13,551)	

註：1. * $p < 0.05$, ** $p < 0.01$, *** $p < 0.001$
2. 性別：男（0），女（1）；婚姻：單身（0），已婚（1）；職位：非主管（0），主管（1）；地區：台灣（0），香港（1）。

工作績效之間的關係（$\beta = 0.10$, $p < 0.05$），即外在動機能減緩缺乏自主對工作績效的負面衝擊。不過，斜率檢定顯示：在外在動機高、低兩個群體中，缺乏自主對工作績效之迴歸係數的差異並未達顯著（$t = -0.67$，ns），外在動機對缺乏自主與工作績效之調節效果可能不甚明顯，但仍與理論預期的方向相同。由此可

表6：預測工作滿意與工作績效之階層迴歸分析（續）

步驟	預測因子	工作滿意		工作績效	
		Standardized Beta	R^2 change	Standardized Beta	R^2 change
1	性別	−.02		.14***	
	婚姻	−.03		−.02	
	年資	.02		.11*	
	職位	.03		.02	
	地區	.02	.02*	.14**	.04***
2	缺乏自主（AU）	−.30***		−.12**	
	缺乏結構（ST）	−.28***	.25***	−.06	.08***
3	嗜好休閒（RE）	−.05		.03	
	社會支持（SS）	.16***		.13**	
	積極行動（AC）	.06		.29***	
	消極順應（PA）	.01	.03***	−.15**	.13***
4	AU × RE	.07		.00	
	ST × RE	−.08		.00	
	AU × SS	−.05		.12*	
	ST × SS	.02		−.12*	
	AU × AC	−.03		−.08	
	ST × AC	.01		.07	
	AU × PA	.01		.00	
	ST × PA	.03	.01	−.04	.02
	R^2	.31		.27	
	$F_{(df)}$	12.69*** $_{(19,542)}$		10.49*** $_{(19,540)}$	

註：1. * p < 0.05, ** p < 0.01, *** p < 0.001
　　2. 性別：男（0），女（1）；婚姻：單身（0），已婚（1）；職位：非主管（0），主管（1）；地區：台灣（0），香港（1）。

知，內在動機會惡化缺乏資源與工作後果之關聯，而外在動機則能緩和缺乏自主對工作績效之傷害。故本研究假設三獲得部分支持。

在因應策略的調節作用方面，社會支持分別可調節缺乏自主、缺乏結構與工作績效之間的關係（$\beta = 0.12$, $p < 0.05$；$\beta = -0.12$, $p < 0.05$），故本研究假設四獲得部分支持。然，兩項斜率檢定均未達顯著（$t = 0.16$，ns；$t = 1.01$，ns）。為了解社會支持在缺乏自主與缺乏結構下的調節機制，輔以調節作用示意圖可看出（參見圖2與圖3）：在缺乏自主與缺乏結構的情境下，同樣使用社會支持作為因應策略，對工作績效的調節效果不盡相同。在缺乏自主的情境下，若工作者尋求社會支持，則可減緩缺乏自主對工作績效的衝擊；然在缺乏結構時，工作者尋求社會支持的因應策略反而會加劇缺乏結構對工作績效的傷害。

五、討論與結論

（一）研究結果概述

本研究延伸「工作要求－資源模式」對工作壓力之探討，檢視工作資源缺乏（即工作限制）對員工工作滿意與工作績效之影響，並以自我決定理論與壓力互動理論作為理論起點，探討工作動機與華人因應策略對工作限制與工作後果關係之調節作用。研究結果顯示：缺乏自主與缺乏結構這兩類工作限制對工作後果確

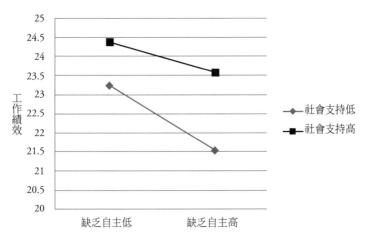

圖2：社會支持對缺乏自主與工作績效之關聯的調節示意圖

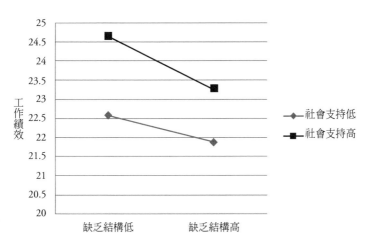

圖3：社會支持對缺乏結構與工作績效之關聯的調節示意圖

實有負面影響，具體而言缺乏自主、缺乏結構與工作滿意皆有顯著負向關聯；而缺乏自主與工作績效有顯著負向關聯。其次，內在工作動機可調節缺乏結構與工作滿意之間的關係，亦即對內在動機高的工作者而言，缺乏結構對工作滿意的負向影響較大；相對而言，外在動機可調節缺乏自主與工作績效之間的關係，即外在動機能減緩缺乏自主對工作績效的負面衝擊。最後，社會支持作為一種因應策略可調節缺乏自主、缺乏結構與工作績效之間的關係。

（二）工作動機的調節機制

本研究發現工作限制與工作滿意、工作績效有顯著的負向關係，亦即當工作者知覺的工作限制愈高，則會降低工作滿意與工作績效。過去「工作要求－資源模式」對工作壓力之探討多關注於工作資源的正向增益效果（例如：Aube, Rousseau & Morin, 2007; van Prooijen, 2009），鮮少探究在資源缺乏的限制條件下，對工作者態度與行為的影響，因此本研究證實了不僅是西方，華人員工的工作滿意與績效亦會受到缺乏自主與缺乏結構的影響。此結果顯示無論東西方文化的差異，缺乏自主與缺乏結構對工作者來說都是工作壓力源之一，亦會損害工作表現。

這樣的結果擴充了「工作要求－資源模式」，工作情境中不僅是工作要求會造成員工情緒耗竭、進而傷害其身、心健康，缺乏工作資源的限制情境，亦會降低其工作滿意，並影響績效表

現。本研究更進一步考量了工作動機之調節作用，確實驗證了內、外在工作動機在面對工作限制時具有不同的調節機制：對追求內在工作動機的工作者而言，他們渴望在工作中追求成長與自我實現（Grolnick & Ryan, 1987; Ryan, Rigby & King, 1993），缺乏結構會讓工作者無法掌控自己的工作，更深刻感覺到缺乏結構為阻礙工作目標達成之障礙，進而影響工作滿意與工作績效。本研究的結果呼應了LePine等學者（2005）的整合分析：當員工將壓力源評估為阻礙時，對工作態度與結果有負向影響。本研究更進一步發現相較於追求外在動機的工作者，工作限制對內在動機高的員工之傷害作用更大，因為內在動機高者更渴求在工作上能發揮所長，然缺乏自主與缺乏結構卻是達成工作目標的絆腳石。這也呼應了前人Lu（1999）在台灣員工中所發現的現象：內在動機高的員工在面對高度缺乏自主的工作情境時，焦慮症狀大幅增加。綜言之，工作資源的匱乏，不論是缺乏自主或缺乏結構，對員工的身心健康、工作態度，及工作績效都是傷害，內在動機強的員工更是蒙受其害。故企業不可輕忽工作限制對高度自我要求與追求自我實現之工作者的負面衝擊，應致力於降低工作限制，並提供必要的工作資源，以滿足工作者追求內在動機之需求。

另一方面，對外在動機高的員工來說，工作限制的影響似乎較低，他們在工作上追求的是物質性與經濟性需求的滿足，相對而言，並不是那麼在意缺乏自主與缺乏結構等工作限制，反而可能較在乎量的工作要求（如工作負荷），此正呼應Lu（1999）

的發現：工作負荷對高外在動機員工的身心健康傷害較大。也就是說工作情境與工作動機之間可能真的存在某種適配（fit）與平衡，正如Edwards（1991）所提出的「供給與需求的契合模型」，個人在想追求的滿足與職務能供給的酬賞（desire–supply）之間的契合程度愈高，工作者的工作滿意與工作績效亦會較高（Caldwell & O'Reilly, 1990）。應用於工作動機的探討，工作情境若能符合員工工作動機之需求，亦即對追求內在動機的員工提供更多的自主與資源，對追求外在動機的員工提供物質與安全性的保障，則可協助員工達到較佳的個人與工作契合，進而提升工作滿意與績效表現。

（三）華人因應策略的調節機制

Siu等學者（2006）發展了華人因應策略量表，其後陸續有研究驗證了華人因應策略與壓力適應的後果（Lu et al., 2010; Siu et al., 2006），然關注焦點均在因應策略與適應後果的直接關聯，故為彌補過去文獻僅觸及因應策略的主效果，未能完整解釋壓力歷程中的個別差異（Lu et al., 2010），本研究將因應策略視為個體相對穩定之行為風格，即基於特定的人格特質或風格傾向，個體會偏好某些特定的因應策略來處理各種壓力情境（Lu & Chen, 1996; Stone et al., 1991）。結果發現，在工作限制的脈絡中，採用尋求社會支持的因應策略對於缺乏自主與缺乏結構有著不同的調節機制。在缺乏自主的情境下，亦即工作者並未擁有適

當的決策權，若工作者尋求社會支持，例如尋求主管與同事的協助，則可減緩缺乏自主對工作績效的衝擊。可能是因為在華人社會中，在工作場域尋求社會支持可發揮非正式溝通的彈性，透過人際脈絡與人際關係來協助工作目標的達成，特別是若能因此獲得主管的支持，確能紓緩壓力對情緒的影響（Lu, 1999）。故在缺乏工作自主時，尋求社會支持可形成對工作績效的一種保護機制，有助於降低缺乏自主的負面影響。不過，在缺乏結構時，工作者尋求社會支持的因應策略反而會加劇對工作績效的傷害，這可能是因為缺乏結構是缺乏達成工作所需的設備或資源，相對來說是一較難改變的客觀限制，工作者尋求主管或同事的支持，在短時間內仍無法改變工作場域中的結構性阻礙，在這樣的情況下，一味的尋求社會支持可能淪於情緒宣洩，對工作績效反而造成傷害。未來研究可針對尋求社會支持的內涵與機制更進一步的探究，尋求社會支持的因應策略可能同時具備問題導向與情緒導向的雙重功能，端視工作者對個別壓力源的認知及其尋求社會支持之動機與方式，例如若是僅向同事傾吐情緒與發牢騷，則未能積極解決問題，本質上傾向較為消極的因應策略；然若在尋求主管支持的同時，積極運用非正式溝通的彈性，則屬於積極因應的策略，其因應後果也會因此而不相同。

　　本研究探究「工作動機」與「華人因應策略」在工作壓力歷程中的調節機制，試以一個整合的角度論述工作者所秉持的工作動機與慣用因應策略的不同，的確會調節工作限制與工作滿意、工作績效之間的關係。整合以上所述，內、外在工作動機扮演了

不同的調節機制，內在動機會惡化缺乏自主的限制；然外在動機卻可減緩工作限制的衝擊。有趣的是，尋求社會支持策略所呈現的調節機制會視壓力源的本質而有所差異，故工作者在使用此一因應策略時，必須思考社會支持是否真能夠提供降低壓力源的實質功效，方能達成有效因應之目標。

（四）研究限制與實務建議

值得注意的是，本研究的樣本中擔任管理職約佔八成以上，因此本研究結果可能更逼近台、港兩地經理人的工作經驗；不過，我們在迴歸分析檢驗假設時，已先行控制了「職位」的影響，故研究結果應仍可適用於一般員工的壓力管理。此外，本研究的調查採自陳式問卷，可能產生共同方法變異之疑慮。故此，本研究以事前防範與事後檢測之雙重方式加以處理，然我們也僅能說明共同變異的影響較低，無法完全排除同源偏差效果，故讀者仍應審慎解讀研究結果。

．本研究以台灣、香港全職工作者為對象，檢視工作限制與工作後果之關聯，並探討工作動機與因應策略的調節作用。結果顯示工作限制對工作滿意、工作績效有預測效果，而工作動機對工作限制與工作後果有顯著調節效果。了解員工的工作動機是現代組織的重要管理課題之一，組織可從兩方面著手來創造更契合員工需求的工作環境：工作設計與訓練發展。組織可以特別針對擔任主管職且內在動機強的員工，藉由工作設計來降低工作場域中

的限制，特別是透過授權增加自主性，以創造一個讓員工樂在工作，足以發揮所長且追求自我實現的良好工作環境，進而留住優秀人才，為組織創造具有競爭力的人力資本。另外，企業亦可透過訓練方案來拓展個人的行為幅度（behavioral span），讓員工學習多元的壓力因應策略，在面對不同工作壓力源時，可彈性運用合宜的行動方案，以考量情境特殊性來積極因應問題，強化員工對工作壓力的應對能力。

參考書目

陸洛（1997），〈工作壓力之歷程：理論與研究的對話〉，《中華心理衛生學刊》，10 (4)，頁19-51。

彭台光、高月慈、林鉦棽（2006），〈管理研究中的共同方法變異：問題本質，影響，測試和補救〉，《管理學報》，23，頁77-98。

Anderson, J. C., & Gerbing, D. W. (1988), "Structural equation modeling in practice: A review and recommended two-step approach," *Psychological Bulletin*, Vol. 103, No. 3, pp. 411-423.

Aube, C., Rousseau, V., & Morin, E. M. (2007), "Perceived organizational support and organizational commitment; the moderating effect of locus of control and work autonomy," *Journal of Managerial Psychology*, Vol. 22, pp. 479-495.

Bakker, A. B., & Demerouti, E. (2007), "The Job Demands-Resources model: State of the art," *Journal of Managerial Psychology*, Vol. 22, pp. 309-328.

Bakker, A. B., Demerouti, E., & Schaufeli, W. B. (2003), "Dual processes at work in a call centre: An application of the Job Demands a Resources model," *European Journal of Work and Organizational Psychology*, Vol. 12, pp. 393-417.

Bakker, A. B., Hakanen, J. J., Demerouti, E., & Xanthopoulou, D. (2007), "Job resources boost work engagement particularly when job demands are high," *Journal of Educational Psychology*, Vol. 99, pp. 274-284.

Baron, R. M., & Kenny, D. A. (1986), "The moderator-mediator variable distinction in social psychological research: conceptual, strategic, and statistical considerations," *Journal of Personality and Social Psychology*, Vol. 51, No. 6, pp. 1173-1182.

Boyd, C. M., Bakker, A. B., Pignata, S., Winefield, A. H., Gillespie, N., & Stough, C. (2011), "A longitudinal test of the job demands-resources model among Australian university academics," *Applied Psychology: An International Review*, Vol. 60, pp. 112-140.

Caldwell, D. F., & O'Reilly, C. A., III (1990), "Measuring person-job fit using a profile comparison process," *Journal of Applied Psychology*, Vol. 75, pp. 648-657.

Cammann, C., Fichman, M., Jenkins, D., & Klesh, J. (1979), *The Michigan organizational assessment questionnaire*. Manuscript, University of Michigan.

Cheung, G. W., & Rensvold, R. B. (2002), "Evaluating Goodness-of-Fit Indexes for Testing Measurement Invariance," *Structural Equation Modeling*, Vol. 9, No. 2, pp. 233-255.

Cooper, C. L., Dewe, P., & O'Driscoll, M. P. (2001), *Organizational stress: A review and critique of theory, research and applications*. Thousand Oaks, CA: Sage.

Deci, E. L., Eghrari, H., Patrick, B. C., & Leone, D. (1994), "Facilitating internalization: The self-determination theory perspective," *Journal of Personality*, Vol. 62, pp. 119-142.

Deci, E. L., & Ryan, R. M. (1985), *Intrinsic motivation and self determination in human behavior*. New York: Plenum Press Publishing Co.

Deci, E. L., & Ryan, R. M. (2002), *Handbook of self-determination research.* Rochester, NY: University of Rochester Press.

Dewe, P., & Guest, D. (1990), "Methods of coping with stress at work: A review," *Work and Stress*, Vol. 7, pp. 5-15.

Edwards, J. R. (1991), "Person-job fit: A conceptual integration, literature review, and methodological critique," in C. L. Cooper and I. T. Robertson (eds.), *International review of industrial and organizational psychology*, pp. 283-357. New York: John Wiley and Sons.

Erera-Weatherley, P. L. (1996), "Coping with stress: Public welfare supervisors doing their best," *Human Relations*, Vol. 49, pp. 157-170.

Folkman, S. (1997), "Positive psychological states and coping with server stress," *Social Science and Medicine*, Vol. 45, pp. 1207-1221.

Grolnick, W. S., & Ryan, R. M. (1987), "Autonomy in children's learning: an experimental and individual difference investigation," *Journal of Personality and Social Psychology*, Vol. 52, pp. 890-898.

Hackman, J. R., & Oldhan, G. R. (1975), "Development of the job diagnostic survey," *Journal of Applied Psychology*, Vol. 60, pp. 159-170.

Hakanen, J. J., Schaufeli, W. B., & Ahola, K. (2008), "The Job Demands-Resources model: A three-year cross-lagged study of burnout, depression, commitment, and work engagement," *Work & Stress*, Vol. 22, pp. 224-241.

Hui, C. H. (1992), "Values and attitudes," in R. I. Westwood (ed.), *Organisational behaviour: Southeast Asian perspectives,* pp. 63-90. Hong Kong: Longman.

Herzberg, F. (1959), *The motivation to work*. New York: Wiley.

Jersalem, M., & Schwarzer, R. (1992), "Self-efficacy as a resource factor in stress appraisal," in R. Schwarzer (ed.) *Self-Efficacy: Thought Conyrol of Action*. Washington, DC: Hemisphere.

Jones, P. S., Lee, J. W., Phillips, L. R., Zhang, X. E., & Jaceldo, K. B. (2001), "An adaptation of Brislin's translation modelfor cross-cultural research," *Nursing Research*, Vol. 50, No. 5, pp. 300-304.

Lazarus, R. S., & Folkman, S. (1984), *Stress, appraisal and coping*. New York: Springer Publishing Company.

Lu, L. (1999), "Work motivation, job stress and employees' well-being," *Journal of Applied Management Studies*, Vol. 8, pp. 61-72.

Lu, L. & Chen, C. S. (1996), "Correlates of coping behaviours: Internal and external resources," *Counselling Psychology Quarterly*, Vol. 9, pp. 297-307.

Lu, L., Cooper, C. L., Kao, S. F., & Zhou, Y. (2003), "Work stress, control beliefs and well-being in Greater China: an exploration of sub-cultural differences between the PRC and Taiwan," *Journal of Managerial Psychology*, Vol. 18, pp. 479-510.

Lu, L., Kao, S. F., Siu, O. L, & Lu. C. Q. (2010), "Work stressors, Chinese coping strategies, and job performance in Greater China," *International Journal of Psychology*, Vol. 45, No. 4, pp. 294-302.

Ntoumanis, N., Edmunds, J., & Duda, J. L. (2009), "Understanding the coping process from a self-determination theory perspective," *British Journal of Health Psychology*, Vol. 14, pp. 249-260.

LePine, J. A., Podsakoff, N. P., & LePine, M. A. (2005), "A meta-analytic test of the challenge stressor-hindrance stressor framework: An explanation for inconsistent relationships among stressors and performance," *Academy of Management Journal*, Vol. 48, pp. 764-775.

Oakland, S., & Ostell, A. (1996), "Measuring coping: A review and critique," *Human Relations*, Vol. 49, pp. 133-155.

O'Driscoll, M. P., & Cooper, C. L. (1994), "Coping with work related stress: A critique of existing measures and proposal for a alternative methodology," *Journal of Occupational and Organizational Psychology*, Vol. 67, pp. 343-354.

O'Driscoll, M. P., & Cooper, C. L. (1996), "A critique incident analysis of stress-coping behaviors at work," *Stress Medicine*, Vol. 12, pp. 123-128.

Podsakoff, P., MacKenzie, S., Lee, J., & Podsakoff, N. (2003), "Common method biases in behavioral research: A critical review of the literature and recommended remedies," *Journal of Applied Psychology*, Vol. 88, pp. 879-903.

Podsakoff, P. M., & Organ, D. W. (1986), "Self-Reports in organizational research: Problems and prospects," *Journal of Management*, Vol. 12, pp. 531-544.

Rokeach, M. (1973), *The nature of human values*. New York: The Free Press.

Siu, O. L., & Cooper, C. L. (1998), "A study of occupational stress, job satisfaction, and quitting intention in Hong Kong firms: The role of locus of control and organizational commitment," *Stress Medicine*, Vol. 14, pp. 55-66.

Siu, O. L., Spector, P. E., & Cooper, C. L. (2006), "A three-phase study to develop and validate a Chinese coping strategies scale in Greater China,"

Personality and Individual Differences, Vol. 41, pp. 537-548.

Siu, O. L., Spector, P. E., Cooper, C. L., Lu, L., & Yu, S. F. (2002), "Managerial stress in Greater China: The direct and moderator effects of coping strategies and work locus of control," *Applied Psychology: An International Review*, Vol. 51, pp. 608-632.

Stone, A. A., Greenberg, M. A., Kennedy-Moore, E., & Newman, M. G. (1991), "Self-report, situation-specific coping questionnaires: What are they measuring?" *Journal of Personality and Social Psychology*, Vol. 61, No. 4, pp. 648-658.

Spector, P. E., & Jex, S. M. (1998), "Development of four self-report measures of job stressors and strain: Interpersonal Conflict at Work Scale, Organizational Constraints Scale, Quantitative Workload Inventory, and Physical Symptoms Inventory," *Journal of Occupational Health Psychology*, Vol. 3, No. 4, pp. 356-367.

Spector, P. E., Sanchez, J. I., Siu, O. L., Salgado, J., & Ma, J. H. (2004), "Easter versus Western control beliefs at work: An investigation of secondary control, socioinstrumental control, and work locus of control in China and the US," *Applied Psychology: An International Review*, Vol. 53, pp. 38-60.

Stein, N., Folkman, S., Traabasso, T., & Chriatopher-Richards, T. A. (1997), "Appraisal and goal processes as predicators of psychological well-being in bereaved caregivers," *Journal of Personality and Social Psychology*, Vol. 72, pp. 872-884.

Trenberth, L. D., Dewe, P. J., & Walkey, F. H. (1996), "A factor replication approach to the measurement of coping," *Stress Medicine*, Vol. 12, pp. 71-79.

Reeve, J. (2002), "Self-determination theory applied to educational settings," in E. L. Deci & R. M. Ryan (eds.), *Handbook of self-determination research*, pp. 183-203. Rochester, NY: University of Rochester Press.

Ryan, R. M., Rigby, S., & King, K. (1993), "Two types of religious internalization and their relations to religious orientations and mental health," *Journal of Personality and Social Psychology*, Vol. 65, pp. 586-596.

Van Prooijen, J.-W. (2009), "Procedural justice as autonomy regulation," *Journal of Personality and Social Psychology*, Vol. 96, pp. 1166-1180.

Viswesvaran, C., Ones, D. S., & Schmidt, F. L. (1996), "Comparative analysis of the reliability of job performance ratings," *Journal of Applied Psychology*, Vol. 81, pp. 557-574.

Weisz, J. R., Rothbaum, F. M., & Blackburn, T. C. (1984), "Standing out and standing in: the psychology of control in America and Japan," *American Psychologist*, Vol. 39, pp. 955-969.

Wrzesniewski, A., & Dutton, J. E. (2001), "Crafting a job: Revisioning employees as active crafters of their work," *Academy of Management Review*, Vol. 26, No. 2, pp. 179-201.

Xie, J. L. (1996), "Karasek's model in the People's Republic of China: Effects of job demands, control, and individual differences," *Academy of Management Journal*, Vol. 39, pp. 1594-1618.

第八章
城市空間與建築形態：由香港半山的垂直肌理看台北的街廓巷弄

王維仁

一、前言：另類都市

　　對於習慣低密度的歐美都市學者而言，香港的都市存在是不可能發生的，所有的密度標準，無論是建蔽率、容積率、空地比、日照比、人行道寬、山坡地開發標準，或環境心理、領域感、私密性，都是錯誤而反人性的。然而她在百年之內由漁村變成國際都會，並持續的以高速度在成長；高效能的行政系統，自信而高薪的白領階級，來自世界各地的專業人士與金融資本，匯集在這個超高密度、超高層樓，卻又便利與高效率的超大都市機器中，形成了另類的居住生活環境，引起了一批國際都市學者的高度興趣研究[1]。

　　一般學者們談城市紋理（urban fabric），主要是看街廓與建築平面其正負空間的輪廓圖（figure ground），用這樣的方式研

1　Edward George Pryor & Shiuthung Pan, "The Growth of the City," *Hong Kong – City of Vision* (Hinge Publishing, 1995).

究香港的城市紋理，卻有相當大的限制，因為香港的城市紋理主要是高層，世界上沒有其他城市其平均建築高度與每層樓地板面積比會如此之高的，無論是上環或灣仔的辦公樓式或半山區的住宅，許多每層不到一千呎的建築往往高達三十層，是司空見慣的建築形態，這樣的平面扣除電梯與逃生梯，所剩的使用面積不變，而發展商仍然鍥而不捨的主要動力是高地價，高房價租金與高密度的需求壓力[2]。

我們站在山頂眺望維多利亞海灣兩岸的城市建築，不論是中環到銅鑼灣到北角，或對岸尖沙咀的商業中心，或是更遠的青衣或柴灣的新市鎮，建築物如同密樁一樣，一根一根的緊密排列，如同雨後春筍般的快速成長。從香港的太平山頂俯視中環，我們會看到一個個起伏不定的垂直織理從山坡至海邊拔地而起，它們的質地沿著海港岸邊緊密地交織著，穿越灣仔、延伸至柴灣。唯一能打破其垂直性的，只有那些橫向的高架高速公路及各種水平向的元素：公路、地鐵、渡輪和行人天橋等，重疊或相交著穿過垂直面，暫時的改變了垂直的織理，產生了多層的交匯節點。水平的交通和垂直的城市織理並不怎麼的擾亂我們的視覺，卻形成一種複雜與整體互補的關係。從過去不同世代的唐樓，到今天多種形式的裙樓塔樓，這樣的織理不斷地轉化，尋求自身的基因改造，如同一個強烈的機會主義者，力圖推陳出新，義無反顧地拆解過往所努力建立的秩序，尋求更新的空間組織。如紐約、倫

---

2 王維仁，〈香港的城市形態和都市現象〉，*Dialogue*, Volume 5 (June, 1997)。

敦、東京及其他全球性資本流動的核心城市，香港的都市形態，
也由一種充滿著交易和消費的投機性辭彙所組構而成。

二、垂直肌理

　　而從九龍隔著維多利亞港眺望中環的天際輪廓線 ，我們看
到大概是世界上最宏偉的城市立面了，一層層緻密而多元的高樓
沿著海港岸邊的線狀城市帶豎立於太平山前。當我們穿過那層迷
人的城市外殼，並進入其迷陣般的織理內，更可以發現香港另一
種構造空間的力量，同時來自於因日常需求而衍生出來的城市基
本建築，一種被都市民居的寄生結構與多層道路設施所疊加而成
的三維織理。即使是香港最具視覺挑釁性最精彩的城市設計，一
條切開了豐富多彩的城市剖面的中環行人電梯，當初也只是為了
解決交通擠塞問題而作出的工程上決定而已。

　　因此，以創新的基礎建設與日常建築，組構及再構城市的織
理，便成為香港建築與都市學最獨特的個性，也是建築與城市設
計的最大挑戰[3]。

　　我們看19世紀後半期的許多香港風景明信片，典型的構圖是
從隔著維多利亞海灣的對岸，看太平山下一棟棟臨著海岸碼頭的
洋行，以及太平山腳沿著山坡稀疏錯落的殖民式小住宅[4]。而

---

3 王維仁，〈再織城市：雙年展的主題宣言〉，《思考再織城市：2007香港深圳城市建築雙城雙年
　展》（香港：牛津大學出版社，2010），頁5-7。

4 Historical Pictures, *Collection of the Hong Kong Museum of Art.* (Hong Kong Urban Council, 1991).

一百年之後的今天，風景明信片中的山峰與海岸依舊，但沿著海岸發展開來的洋行變成了一排排豐富、緻密、多樣的高層建築，成為線形的都市帶與國際金融中心。而背後山腳的殖民式小住宅則變成了這個國際大都市的高收入住宅區，俯視港灣的海景。不同於其他大都市近郊坡地的中高收入住宅區的小住宅，香港的山坡地住宅區就像大部分的香港城市紋理一樣，是一棟棟垂直的高層住宅，這段沿西環與中環到灣仔與銅鑼灣的商業帶背後的山坡地住宅就是我們習稱的半山區。一般城市的山坡地住宅都是規劃上列為環境敏感的限制開發區，最多是二、三層低密度小住宅，而香港的半山住宅卻多是三十層以上的高樓比鄰而建。雖然大多數的住宅有海景或是山景為賣點，但是地面窄小的人行道和擁擠的街景，加上川流不息的大小車輛，實在說不上是優質的居住環境。然而，它們不但相安無事，甚至形成獨特空間趣味的都市形式，更因為半山區位的樓市價值和增值的潛力，令市民趨之若鶩，也使得半山的房價高居不下。而這種違反規劃理論的山坡地住宅，竟然也是歐美日本跨國企業高薪專業人士的首選居住環境，這是值得我們探索的地方。

伴隨著垂直型而來的是不同層次的水平性。在中環的商業區，無論是辦公樓、酒店、商場或機構，建築商在二層以平臺式天橋連接成立體的公共步道系統，與地面的車道分離開來[5]。在半山區傾斜的山坡地，垂直的建築創造了不同的地面層，停車層

---

5 Ohno Laboratory, "Hong Kong: Alternative Metropolis," *Space Design* (March, 1992, Tokyo University).

與裙樓層（podium level），建築間形成了峽谷般的空間，在巨大的水泥柱礎之間，常見到自然的岩石花草、老樹小溪，不同的地面層與一般樓層之間，也常以水平的平臺或天橋相接。其中最戲劇化的是由中環海邊商業區一路連到半山住宅區頂的自動扶梯公共步道系統，長達一公里，經過不同高度的道路與高層住宅。半山住宅區的白領階級每天由電扶梯上下步行到市中心上班，免除了塞車與污染等問題，半山區汽車及小巴士穿梭於高層住宅間，每一棟建築都有地面層街道入口，車輛坡道入口，步道樓梯或天橋入口，形塑了不同層次的水平交通，如果我們劃一個剖面來看這個城市的空間形式，會聯想到如同植物學教科書上的熱帶雨林的生態剖面圖，剖面的底層是盤纏糾結的老樹根與爬藤（或水泥礎柱），頂端是高聳入雲的針葉樹林（或俯觀海灣的玻璃幕牆）與翱翔而過的老鷹，是另一個生態世界[6]。

三、城市肌理與街廓形態

城市肌理是由建築相互組合所形成的模式，它們構成城市的基本形態和空間特性。不同的肌理提供不同都市空間的質感，好像北京的胡同、上海的里弄、紐約的長條街廓和威尼斯的小廣場，為不同城市塑造出獨有的都市文化。這些獨特的肌理受制於建築單棟的類型以及其所處的都市街廓的形狀。每一個城市的城

---

6 王維仁，〈香港的城市形態和都市現象〉，*Dialogue*, Volume 5 (June, 1997)。

市肌理，其建築單元特殊的組合方式的協調機制的產物，制約了其單元模矩的形式、尺寸、大小、以及土地劃分形式，動線分布與出入系統。

建築與城市空間如何影響都市文化，不是基於某幾幢建築獨特的造形特色，而是在特殊的密度與地理環境下，不同建築共同所形成的獨特的城市環境與個性，都市街廓裡建築與建築相互聯繫，交織所形成的城市空間。因為每一個城市其建築的發展受制於街廓的大小，建築土地劃分方式，與規劃空地和容積要求，分別產生了各自獨一無二的單元形態，以及建築與建築之間特殊的組合，形成特有的都市肌理以及城市空間[7]。這些不單是各個市民日常生活的場所，也是一個城市的文化反映。這樣的都市肌理與多層次的城市質感，在空間上連繫著不同階層市民的生活，同時在時間上，新舊的建築共同形成的肌理，把我們的城市從過去連繫到現在與未來。

香港典型的城市肌理，從開闢早期沿港島北側狹窄的平地發展的唐樓街廓開始，到20世紀中期發展的西環、上環、灣仔、北角，一路到九龍半島的油麻地、旺角、深水坡等地區，都是大約30米乘70米上下的長條形街廓。配合著街廓中間的服務巷道，由這些街廓大小所劃分出的建築用地單元，延續了早年4或5米面寬，10多米進深的典型唐樓大小，讓50、60年代戰後的小業主或小型地產商得以將唐樓改建成一梯四或五層，或後來更高的雙拼

---

7 王維仁，〈都市肌理與城市文化〉，收入王維仁、張鵲橋編，《澳門歷史街區城市肌理研究》（澳門文化局，2011），頁11。

加上電梯等建築形態。由於街廓的大小和地塊劃分的方式，每個建築單元都得以面對大街，讓樓下的街自然的形成了有豐富質地與活力，以商店為主要肌理質地的街道空間。配合著東亞地區商住混合的城市文化，香港這些街廓建築自然發展成了下鋪上居的混合使用模式。

　　然而在半山住宅區的街廓，卻由於地形蜿蜒的因素，以及其一貫居住為主的文化和使用模式，在這三十年密度幾次倍增的情況下，發展出了一種特殊的空間形態和建築形式，也是這篇論文主要希望拿來說明和討論的地方。

四、半山區的發展與規劃[8]

　　香港自1842年由英國管轄以來，半山區就成為洋商居住的高級住宅區，區內多是殖民式風格的大宅，比如置地公司的創辦人Chater位於干德道的靈石堂（Marble Hall），怡和洋行老闆位於利園山的古典樣式大宅，在1851年興建在上亞厘畢道上的港督的住宅，背山面海，俯覽港灣的海景。而從上海來的猶太資本家沙宜、哈同等家族，更在1902年於半山住家附近的羅便臣道上建了一座古典折衷式的猶太廟與大花園。這時候的半山區上半部都是環境優雅的富商豪宅，山腳活里屋街一帶則是擁擠的唐人區，分為上、中、下三區，後來中、上區被港督下令搬遷到更下面的華

---

8 王維仁，〈香港半山區的城市空間與建築形態〉，《國際化城市比較研究報告》（台北市政府，1999）。

人區，讓位給「合適的商店、洋人住宅或受尊敬的華人」，在洋行做事起家的何東爵士便是少數住在山上的華人之一[9]。

到了20世紀上半，半山區已經發展成一個風格、價位與設施都成熟而穩定的高級住宅區，唯建築多以二、三層或殖民式洋房為主。戰後香港人口大幅增加，半山區的建築也逐漸成為多層的公寓式住宅，密度也大幅提高，然而因為靠近中區方便的地理位置與海景的優勢，一直維持著高收入住宅區的地位。這個時期的公寓建築形式與其他地區並無太大的差別，也都受制於類似的高度與街道寬比例、空地比、間距的法規管制，主要在控制建築的量體與高度。大部分的區域是殖民式大宅與公寓式的建築夾雜，包括了相當比例的空地與開放空間。

80年代之後，這樣的景觀起了戲劇性的變化，一方面房地產的價格飛漲，大型地產商積極介入半山的開發，另一方面新的規劃與建築法規形塑了新的空間形式。

影響空間形式的法規最主要有三方面：第一是由《城市規劃條例》衍生出的「分區計畫大綱」；第二是由《建築物條例》下訂定的容積率；第三是每個建築地塊原有的地契條款，茲分述如下：

負責香港城市規劃的主要機構有兩個。一個是土地政策發展委員會（Land Development Policy Committee），決定長遠的

---

9 龍炳頤，《香港古今建築》（香港：三聯書店，1992）。

土地發展策略，另一個是城市規劃委員會（Town Planning Board），負責實際制定及審核各類規劃圖及批准各區土地用途申請，在80年代制定的全港發展策略（Territorial Development Strategy）下，再制定出五個次區域發展綱領（Sub-Regional Plans）。

在各個區制定「法定分區計畫大綱圖」（Outline Zoning Plan），控制每個地區的土地使用，道路佈局，容積密度等，是香港最主要的法定規劃管制手段。香港本島在整體規劃中被分為三個主要的區域：第一區是由海岸到山腳的都市帶，有最高的開發與使用密度；第二區是沿山坡的半山區，主要是住宅使用，密度相對較低（雖然對其他國家而言是高密度），第三區是佔大部分面積的山頂綠帶，只有少數控制嚴格的建地。

在半山區，若以西半段的「半山區西部分區計畫大綱圖」為例，在佔地235公頃的地塊內，北臨中區灣仔，以堅道、堅尼地道為界，南臨山頂郊野公園，以200至240米等高線為界，預計容納的人口約為6萬人，其中又以羅便臣道以北密度較高，區內除了少數的地區性商業用以服務居民外，主要是住宅區，又依使用強度分為R-A、R-B、R-C三類，其中R-B與R-C的容積率均高達5左右，共佔約65公頃，剩餘的分別是機關社區用地（46公頃），遊憩公園用地（10公頃）與綠化帶（84公頃）。綠化帶主要是坡度太大不適合使用的地方，佔了三分之一的面積，是高密度的半山區還能多少維持了一定環境品質的關鍵區域。

五、半山區建築規範與形式

　　第二個控制的法規是《建築條例》（Building Ordinance）之下的「建築物（設計）規例」，規定了在A（一面臨道路）、B（二面臨道路）、C（三面臨道路）三種基地條件下的最大容積。一般而言，基地鄰接道路愈多則容積愈大，樓層愈高容積也愈多。更重要的是建築物15米以下的樓層不計算建蔽率，於是每棟建築底層的五到六層建蔽率都達到百分之百，作為停車與公共設施，15米以上的平臺安排成屋頂花園，做開放空間使用，平臺的上方再蓋塔樓，作主要的住宅單元。這個法規基本上形塑了80年代以後香港的「裙樓／塔樓」（Podium/ Tower）形式。優點是建築間距拉大了。缺點是原來緻密的街廓紋理逐漸的消失，取而代之的是一大塊一大塊的平臺（停車或商場）和其上一根根細長的高樓，半山區也不例外。

　　第三個控制的途徑是「地契附加條款」（Lease Conditions），由於香港所有的土地概念上都是政府出租的，每一塊土地都有政府當初定的地契條款來規範土地的使用與容許的建築面積等，這些條款加上上述兩個控制的手段，形塑了半山地區的主要建築形式與密度。除此之外，《建築條例》又針對半山的建築在工程技術上定了一系列的規範，包括限制地基開採的容量，使得許多建築採用柱式基礎抬高停車平臺，同時可以拉高建物，增加有海景的單位；包括排水與擋土牆控制；包括汽車與消防車到達平臺的道路要求，造成了半山上許多建築都有誇張的巨大柱

礎，擋土牆與水泥結構車道。

六、半山區的公共空間與電扶梯

在這個密度極大，建築物高聳的山坡地住宅區，除了蜿蜒曲折的道路外，有什麼樣的公共空間是居民可以共享的呢？第一是大面積的遊憩用地，如香港動植物公園，以及零星的小規模的鄰里公園式遊樂場；第二是「政府／團體／社區」用地，包括大學、醫院、教堂與社會服務單位，這些與其他城市相當類似；第三是不適合發展使用的，地勢陡峭的坡地，是半山區植物覆蓋、古樹參天的綠化帶，即使用沿著道路的邊坡擋土牆，也常常是歷史久遠生滿青苔的花崗石塊，這些都提供半山區的高密度最大的緩衝效果；第四是垂直於等高線的石階步道，連接上下兩條平行的主要道路，這些歷史悠久的步道，往往由花崗岩石階鋪成，兩旁大樹遮天，甚至溪流貫穿其間，步道往往可以一直通到山下連成系統，成為居民散步或步行交通的另一個選擇，這是香港半山區的另一個特色。

半山區的公共空間最值得討論的就是半山自動扶梯系統。90年初，香港政府為了改善半山區上下班時段道路擁擠的塞車狀況，建築了這條長達一公里的自動扶梯系統，紓解乘坐巴士或汽車的人流。從此使得數千上萬的人次每天上下班改用步行方式，由海邊的上環地鐵車站到山上的干德道只要十幾分鐘的時間。這條在原有垂直階梯步道系統上構築的自動扶梯，不但大大的解決

了許多半山區居民的上下交通問題，更提供了一個全新的動態城市空間經驗，同時沿著扶梯系統兩旁創造了新的空間與活動，形成了一種另類的公共空間。香港青年導演王家衛的得獎作品《重慶森林》中，許多動態的都市空間經驗，就是用這個自動扶梯的空間效果拍攝的。

這個自動扶梯系統固然對許多兩邊住戶的私密性產生了干擾，卻也同時對兩邊的商店提供了新的空間形式與互動機會，或形成新的小型袋狀地點，或在電梯下層形成新的遊憩空間。另外，垂直自動扶梯與水平道路在它們的交口，更形成了新的活動節點，導致原本沒落的幾條小街變成新興的咖啡店與餐館。自動扶梯在某些地段更得以與兩旁的建築大廈以平台式天橋連接，提供大樓另一個出入口。這些不同的空間與活動都在幾年內發展出來，是當初沒有料到的。

七、台北的街廓形態與巷弄肌理

相較於香港的半山住宅區，台北東區中產階級的傳統住宅區就是一種完全不同的街廓形態與城市空間。日據時期才擴展的台北東區，沿著清末發展的200米左右的小街廓由西門町一帶向東延。台灣總督府的日本建築師規劃的是500米大小的大街廓，街廓的規劃模距類似當年東京都的新區，其實是源自京都等的大街廓模式，也就是奈良和平安時期學自唐長安城的里坊制度。正如北京城街廓裡的胡同一樣，台北市的大安區和松山區一帶，每一

個大街廓再由巷弄細分為大約30米進深和80米長的住宅街廓。台北市南北方向由中山南北路以東到基隆路，東西方向的民生東路、南京東路、仁愛路、信義路以及和平東路所圍成的，都是這種500米上下的街廓模距。每一個大街廓裡面都規劃有大小不一的幾個公園以及中小學校，而每個大街廓除了外圍的大馬路有較大型的商業之外，街廓內其中的幾條巷道也多半會逐漸發展成一兩條由雜貨日用和餐飲組合成的社區性商業街。正如長安城的坊或京都的町，台北市這些大街廓裡無疑的都是一個相對的自給自足的生活圈，儼然是個妥善規劃過的現代城中村。

　　國民政府接手後的台北市政府規劃單位，大抵上延續了這個街廓規劃的思路，在超過半個世紀的城市轉化中，除了逐漸加大街廓周圍一圈建築的商業使用強度和容積，以及增加社區公園的數量與改善環境之外，基本上沒有作太多的改變。而建築形態本身，就在這個原本是為了日本式宅邸基地而規劃的地塊模具上，由日式建築改為容積率2左右的四層公寓和七層公寓，以及現在開發的十來層巷弄豪宅。對於習慣於住商混合的東亞城市文化，台北的大街廓模式讓比較大尺度的商店和辦公樓留在大馬路上，將裡面的巷弄留給圍牆大樹和比較安靜與生活化的小店鋪，成為腳踏車、老人小孩相對安全的生活空間。現在台北人最引以為傲的巷弄文化：咖啡廳，茶館，書店，糕餅店和生機飲食店等等，都是這種大街廓規劃的框架所孕育出來的。最近台北市努力推動的都市更新引起的關注和爭議，不止是獎勵地產商的利益可能過高以及社區豪宅化的問題，更可能是間接的摧毀這種巷弄文化的

殺手。

八、結語

　　平心而論，香港半山區的特殊空間與建築型態，並非積極嚴格的都市設計與控制的結果，而是在土地人口與開發的高壓力下，政府被動的反映。雖然在陡峭的坡地上容許5到10的容積率開發是任何城市都不容許的，幸運的是香港有優越的自然條件，與高效率的法治與公權力機制，這是保持了半山區基本生活品質的主要因素。

　　在自然條件方面，香港雖然山多而且險峭，但多為堅硬的花崗岩塊，與台北盆地周邊新生的沙泥岩層完全不同。加上建築法規對坡地的基礎、排水、擋土牆均有嚴格完備的規定，更有高水準的國際工程顧問公司設計，與清廉有紀律的官員嚴格審核執行，這是半山區坡地開發的地質與技術基礎。另一個自然條件是半山區有大塊保存完好的維多利亞山為其視覺背景，提供高密度的居住環周邊大片青綠的郊野公園後院。

　　在人為管制方面，半山區一根根五花八門細長的塔樓和蛋糕盒子一般的停車庫平臺，是建築法規在高密度下，保持高樓間距的權宜之策，實在不是都市設計形式美學考慮下的結果，也談不上美感可言。所幸的是，有歷史感的花崗石階梯步道、擋土牆、老樹綠帶，在決策過程中都幸運的被保存下來，再加上坡地與不同高層平臺交錯的立體空間效果，就覺得環境生動有趣了。更重

要的是法律的訂定、審核與執行，在香港有英國殖民上百年留下的法治基礎，加上高水準高效率的官僚團隊，其環境控制的能力與其他開發中國家自然不可同日而語。至於自動扶梯系統，一方面是決策官員的構想與執行能力成功，一方面也是公權力高過民眾抗議力量的反映吧。

實質環境的開發密度終究有極限，這幾十年來香港半山區的密度和空間轉變是前所未有的，日漸擁擠的豪宅也開始讓人思考這種居住品質值得嗎？雖然很多人還是覺得投資半山是個穩定的地產策略，但是隨著多元化豪宅市場的發展，未來半山區開發是否能即時有效的控制，延續它的歷史優勢，就看香港政府的規劃智慧了。

參考書目

王維仁（1999），〈香港半山區的城市空間與建築形態〉，《國際化城市比較研究報告》，廣州及香港，台北市政府。

王維仁（2009），〈競爭的香港天際線：政治、經濟及後九七的城市認同〉，《今天》，第85 期，頁35-36。香港：香港牛津大學出版社。

龍炳頤（1992），《香港古今建築》。香港：三聯書店。

Hong Kong Urban Council (1991), *Historical Pictures, Collection of the Hong Kong Museum of Art.*

Ohno Laboratory (1992), "Hong Kong: Alternative Metropolis," *Space Design.* March, Tokyo University.

Pryor, George Edward & Pan, Shiuthung (1985), "The Growth of the City," *Hong Kong – City of Vision.* Hinge Publishing.

國家圖書館出版品預行編目（CIP）資料

台灣、香港二地人文、經濟與管理互動之探討 / 李誠主編.
-- 初版 . -- 桃園縣中壢市：中央大學出版中心；臺北市：
遠流，2013.11
面 ； 公分
ISBN 978-986-03-8315-7（平裝）

1. 兩岸關係 2. 兩岸交流 3. 兩岸經貿 4. 文集

573.09　　　　　　　　　　　　　102020506

台灣、香港二地人文、經濟與管理互動之探討

主編：李誠
執行編輯：許家泰
編輯協力：簡玉欣

出版單位：國立中央大學出版中心
　　　　　桃園縣中壢市中大路 300 號 國鼎圖書資料館 3 樓
　　　　　遠流出版事業股份有限公司
　　　　　台北市南昌路二段 81 號 6 樓

發行單位／展售處：遠流出版事業股份有限公司
地址：台北市南昌路二段 81 號 6 樓
電話：(02) 23926899　傳真：(02) 23926658
劃撥帳號：0189456-1

著作權顧問：蕭雄淋律師
法律顧問：董安丹律師

2013 年 11 月　初版一刷
行政院新聞局局版台業字第 1295 號
售價：新台幣 300 元

YLib 遠流博識網　http://www.ylib.com　E-mail: ylib@ylib.com